全国中等职业技术学校汽车类专业通用教材

Zhuanye Jishu Lunwen yu Keyan Baogao Zhuanxie
专业技术论文与科研报告撰写

（第二版）

裘玉平　主　编

人民交通出版社股份有限公司
China Communications Press Co.,Ltd.

内 容 提 要

本书是全国中等职业技术学校汽车类专业通用教材,依据《中等职业学校专业教学标准(试行)》以及国家和交通行业相关职业标准编写而成。主要内容包括:专业技术论文的撰写与答辩,科研课题的申报、研究与成果鉴定,科技文献信息的查询,专业技术论文及科研课题文本范例,共计4个单元。

本书供中等职业学校汽车类专业教学使用,亦可供汽车维修相关专业人员学习参考。

图书在版编目(CIP)数据

专业技术论文与科研报告撰写/裘玉平主编. —2版. —北京:人民交通出版社股份有限公司,2017.8

全国中等职业技术学校汽车类专业通用教材

ISBN 978-7-114-13998-7

Ⅰ.①专… Ⅱ.①裘… Ⅲ.①科学技术—论文—写作—中等专业学校—教材 ②科学技术—研究报告—写作—中等专业学校—教材 Ⅳ.①H152.3

中国版本图书馆 CIP 数据核字(2017)第 162026 号

全国中等职业技术学校汽车类专业通用教材
书　　名:专业技术论文与科研报告撰写(第二版)
著 作 者:裘玉平
责任编辑:闫东坡
出版发行:人民交通出版社股份有限公司
地　　址:(100011)北京市朝阳区安定门外外馆斜街 3 号
网　　址:http://www.ccpress.com.cn
销售电话:(010)59757973
总 经 销:人民交通出版社股份有限公司发行部
经　　销:各地新华书店
印　　刷:北京市密东印刷有限公司
开　　本:787×1092　1/16
印　　张:9
字　　数:210 千
版　　次:2007 年 1 月　第 1 版
　　　　　2017 年 8 月　第 2 版
印　　次:2023 年 7 月　第 2 版　第 4 次印刷　累计第 9 次印刷
书　　号:ISBN 978-7-114-13998-7
定　　价:20.00 元

(有印刷、装订质量问题的图书由本公司负责调换)

第二版前言
FOREWORD

为适应社会经济发展和汽车运用与维修专业技能型紧缺人才培养的需要，交通职业教育教学指导委员会汽车(技工)专业指导委员会于2004年陆续组织编写了汽车维修、汽车电工、汽车检测等专业技工教材、高级技工教材及技师教材，受到广大中等职业学校师生的欢迎。

随着职业教育教学改革的不断深入，中等职业学校对课程结构、课程内容及教学模式提出了更高的要求。《教育部关于深化职业教育教学改革全面提高人才培养质量的若干意见》提出："对接最新职业标准、行业标准和岗位规范，紧贴岗位实际工作过程，调整课程结构，更新课程内容，深化多种模式的课程改革"。为此，人民交通出版社股份有限公司根据教育部文件精神，在整合已出版的技工教材、高级技工教材及技师教材的基础上，依据教育部颁布的《中等职业学校汽车运用与维修专业教学标准(试行)》，组织中等职业学校汽车专业教师再版修订了全国中等职业技术学校汽车类专业通用教材。

此次再版修订的教材总结了全国技工学校、高级技工学校及技师学院多年来的汽车专业教学经验，将职业岗位所需要的知识、技能和职业素养融入汽车专业教学中，体现了中等职业教育的特色。教材特点如下：

1. "以服务发展为宗旨，以促进就业为导向"，加强文化基础教育，强化技术技能培养，符合汽车专业实用人才培养的需求；

2. 教材修订符合中等职业学校学生的认知规律，注重知识的实际应用和对学生职业技能的训练，符合汽车类专业教学与培训的需要；

3. 教材内容与汽车维修中级工、高级工及技师职业技能鉴定考核相吻合，便于学生毕业后适应岗位技能要求；

4. 依据最新国家及行业标准，删除第一版教材中陈旧过时的内容，教材修订量在20%以上，反映目前汽车的新知识、新技术、新工艺；

5. 教材内容简洁，通俗易懂，图文并茂，易于培养学生的学习兴趣，提高学习效果。

《专业技术论文与科研报告撰写》是汽车运用与维修专业课之一,教材主要内容包括:专业技术论文的撰写与答辩,科研课题的申报、研究与成果鉴定,科技文献信息的查询,专业技术论文及科研课题文本范例,共计4个单元。其教学目标是熟练掌握专业技术论文的写作意义、格式、方法及专业技术论文答辩的程序,掌握科研课题申报、研究和鉴定报告的撰写方法,熟练掌握科技文献信息的查询方法,熟悉著作权保护常识。

本教材由浙江交通技师学院裘玉平担任主编,山东交通技师学院任东担任主审。教材编写分工为:广西交通技师学院郑超文编写单元一及单元四课题一,裘玉平编写单元二、单元三及单元四课题二。

限于编者经历和水平,教材内容难以覆盖全国各地中等职业学校的实际情况,希望各学校在选用和推广本系列教材的同时,注重总结教学经验,及时提出修改意见和建议,以便再版修订时改正。

编 者

2017 年 6 月

目 录
CONTENTS

单元一　专业技术论文的撰写与答辩 ⋯⋯⋯⋯⋯⋯⋯⋯⋯⋯⋯⋯⋯⋯⋯⋯⋯⋯⋯⋯⋯⋯ 1
　课题一　专业技术论文的性质、分类、特点和意义 ⋯⋯⋯⋯⋯⋯⋯⋯⋯⋯⋯⋯⋯⋯⋯⋯ 1
　课题二　专业技术论文的选题原则和选题方法 ⋯⋯⋯⋯⋯⋯⋯⋯⋯⋯⋯⋯⋯⋯⋯⋯⋯ 4
　课题三　专业技术论文的构成 ⋯⋯⋯⋯⋯⋯⋯⋯⋯⋯⋯⋯⋯⋯⋯⋯⋯⋯⋯⋯⋯⋯⋯⋯ 6
　课题四　专业技术论文的撰写步骤 ⋯⋯⋯⋯⋯⋯⋯⋯⋯⋯⋯⋯⋯⋯⋯⋯⋯⋯⋯⋯⋯⋯ 8
　课题五　技师专业技术论文的写法 ⋯⋯⋯⋯⋯⋯⋯⋯⋯⋯⋯⋯⋯⋯⋯⋯⋯⋯⋯⋯⋯⋯ 12
　课题六　技师专业技术论文的写作规范 ⋯⋯⋯⋯⋯⋯⋯⋯⋯⋯⋯⋯⋯⋯⋯⋯⋯⋯⋯⋯ 18
　课题七　专业技术论文的答辩 ⋯⋯⋯⋯⋯⋯⋯⋯⋯⋯⋯⋯⋯⋯⋯⋯⋯⋯⋯⋯⋯⋯⋯⋯ 21
　课题八　专业技术论文的发表 ⋯⋯⋯⋯⋯⋯⋯⋯⋯⋯⋯⋯⋯⋯⋯⋯⋯⋯⋯⋯⋯⋯⋯⋯ 25

单元二　科研课题的申报、研究与成果鉴定 ⋯⋯⋯⋯⋯⋯⋯⋯⋯⋯⋯⋯⋯⋯⋯⋯⋯⋯⋯ 27
　课题一　科研课题的申报与立项 ⋯⋯⋯⋯⋯⋯⋯⋯⋯⋯⋯⋯⋯⋯⋯⋯⋯⋯⋯⋯⋯⋯⋯ 27
　课题二　科研课题的研究方法 ⋯⋯⋯⋯⋯⋯⋯⋯⋯⋯⋯⋯⋯⋯⋯⋯⋯⋯⋯⋯⋯⋯⋯⋯ 32
　课题三　科研报告的撰写 ⋯⋯⋯⋯⋯⋯⋯⋯⋯⋯⋯⋯⋯⋯⋯⋯⋯⋯⋯⋯⋯⋯⋯⋯⋯⋯ 37
　课题四　科研成果的鉴定(评审)与奖励 ⋯⋯⋯⋯⋯⋯⋯⋯⋯⋯⋯⋯⋯⋯⋯⋯⋯⋯⋯⋯ 40

单元三　科技文献信息的查询 ⋯⋯⋯⋯⋯⋯⋯⋯⋯⋯⋯⋯⋯⋯⋯⋯⋯⋯⋯⋯⋯⋯⋯⋯⋯ 49
　课题一　科技文献资料的检索 ⋯⋯⋯⋯⋯⋯⋯⋯⋯⋯⋯⋯⋯⋯⋯⋯⋯⋯⋯⋯⋯⋯⋯⋯ 49
　课题二　搜索引擎的运用 ⋯⋯⋯⋯⋯⋯⋯⋯⋯⋯⋯⋯⋯⋯⋯⋯⋯⋯⋯⋯⋯⋯⋯⋯⋯⋯ 53
　课题三　论文数据库与电子图书的选用 ⋯⋯⋯⋯⋯⋯⋯⋯⋯⋯⋯⋯⋯⋯⋯⋯⋯⋯⋯⋯ 57
　课题四　汽车维修资料的选择与使用 ⋯⋯⋯⋯⋯⋯⋯⋯⋯⋯⋯⋯⋯⋯⋯⋯⋯⋯⋯⋯⋯ 61
　课题五　著作权人的权利保护 ⋯⋯⋯⋯⋯⋯⋯⋯⋯⋯⋯⋯⋯⋯⋯⋯⋯⋯⋯⋯⋯⋯⋯⋯ 66

单元四　专业技术论文及科技课题文本范例 ⋯⋯⋯⋯⋯⋯⋯⋯⋯⋯⋯⋯⋯⋯⋯⋯⋯⋯⋯ 75
　课题一　专业技术论文范例 ⋯⋯⋯⋯⋯⋯⋯⋯⋯⋯⋯⋯⋯⋯⋯⋯⋯⋯⋯⋯⋯⋯⋯⋯⋯ 75
　课题二　科研课题文本范例 ⋯⋯⋯⋯⋯⋯⋯⋯⋯⋯⋯⋯⋯⋯⋯⋯⋯⋯⋯⋯⋯⋯⋯⋯⋯ 92

附录A　××××学院专业技术论文撰写格式规范 ⋯⋯⋯⋯⋯⋯⋯⋯⋯⋯⋯⋯⋯⋯⋯⋯ 129
附录B　校对符号及其用法 ⋯⋯⋯⋯⋯⋯⋯⋯⋯⋯⋯⋯⋯⋯⋯⋯⋯⋯⋯⋯⋯⋯⋯⋯⋯ 133
参考文献 ⋯⋯⋯⋯⋯⋯⋯⋯⋯⋯⋯⋯⋯⋯⋯⋯⋯⋯⋯⋯⋯⋯⋯⋯⋯⋯⋯⋯⋯⋯⋯⋯⋯ 138

单元一
专业技术论文的撰写与答辩

 知识目标

1. 简单叙述技师专业技术论文的写作目的和作用;
2. 正确描述技师专业技术论文的选题原则,不同类别论文的写作方法;
3. 简单叙述量和单位、数字、公式、插图、表格的使用方法;
4. 正确描述科技术语、标点符号的使用要点;
5. 正确描述技师专业技术论文的评审标准、答辩程序、答辩的技巧;
6. 熟悉专业科技期刊的类型、出版流程、投稿要求。

 技能目标

1. 能在明确的命题下进行技师专业论文的写作;
2. 能在对完稿后的技师专业论文进行答辩的准备;
3. 能根据论文的内容和特点选择合适的期刊投稿。

课题一 专业技术论文的性质、分类、特点和意义

技师专业技术论文就是运用相关专业知识,对自己在技术工作中遇到的技术问题,获得的技术经验或技术革新、技术改造的成果等,用说理和讨论的方式加以总结和提高,用书面的形式表达出来,上升到理论高度进行综合分析,以便进行技术交流及推广应用的文章。

技师专业技术论文属于实用性文章,它所反映的必须是技师所在的本工种范围内的各种技术或业务问题。据此衡量其实际综合工作能力和特殊的高端技术水平。

一、技师专业技术论文的性质

技师专业技术论文所表述的内容必须是在相关专业技术和业务范围内,它是对技术和业务工作、技术改造和技术革新成果的记录描述和总结。只有提供了新的科学技术信息,有着创新内容和作者独到的见解,并不是重复、模仿别人研究成果的文章,才能称之为技师专业技术论文。

二、技师专业技术论文的分类

技师专业技术论文,按论文类型可分为实操型、理论型、报告型、评述型四类。各种不同类别的技师论文其内容结构与撰写要求又有所不同,见表1-1。

技师专业技术论文的分类　　　　　表1-1

论文类型	性　质	内容结构	撰写要求
实操型	论文表述作者对具体的技术对象,如何运用新原理、新材料、新设备、新工艺,将实际操作性工作引向更高层次的见解。它既是对前人或他人已有的实际操作规律和成果的总结和深化,又是进一步对技术对象的某些更高层次的性质和规律的认识	(1)引言; (2)正文(实操技术对象的技术原理、典型技术对象、实操基本步骤、分析与讨论); (3)结论	要有理论依据、实际操作方法及过程分析、综合性总结三个基本方面
理论型	(1)在本专业基础理论、专门知识和技能的基础上,从更广泛的范围去论证已有理论的正确性; (2)通过长期的实践和研究,对本工种范围内的某一理论、定理、定律提出修改、补充意见或质疑; (3)进一步拓展本工种专业范围内的某一理论、定理、定律在实践中的具体运用范围; (4)在实验、观察、调查研究的基础上通过分析、综合、抽象、归纳和推理等,提出新的见解和新的理论	(1)引言; (2)正文(充分展开论题、进行分析和得出结论,把作者的全部思想、理论、观点和见解进行全面的阐述); (3)结论(对课题的理论推导、理论分析和研究结果进行最终总结)	(1)善于发现和提出问题(前人所没有察觉到的、前人已有发现但没能恰当把握和准确提出的、丰富和发展前人提出的问题); (2)表述要规范化
报告型	(1)陈述技术工作成果、学术观点和独创性见解; (2)深入、集中地反映本工种中的某一方面的科研成果或进展情况; (3)对某项科研成果的书面总结	(1)引言; (2)正文(详细、具体、如实地表述和分析技术改造和工作革新的进展情况;对成果做出恰当的估计和正确评价;对存在的问题进行分析并提出解决方案); (3)结论(对技术改造、工作革新的科学性、先进性和实用性做出客观的基本评价)	(1)叙述事实是核心(注意系统性和完整性,准确反映实际情况); (2)可以分为技术工作总结报告及课题研究报告两类来写
评述型	(1)对本工种的基本原理、基础知识和国家的各种相关政策或专业技术研究成果以及科技发展动向进行综合性评述; (2)按内容的深度和广度可分为综合性评述和专业性评述;按评述对象可以分为文献评述和讨论述评	(1)引言; (2)正文(预测本领域今后的发展趋势,可能产生的新问题,以便提前制订可能的解决方案;预测本领域与其他专业或学科之间的互相影响与效益); (3)结论(如果正文或引言已有结论,则不必重复,可以省略)	(1)学习专业基础知识和科学信息学知识; (2)做好综合分析(分析方法:列举法、阶段法、层次法、典型法)可以单独应用或交叉应用。应力求概面广、论据充分、分析精深

三、技师专业技术论文的特点和意义

1. 技师专业技术论文的特点

(1) 专业性。技术论文的生命是它的专业性。所谓专业性就是论述课题的选定和论点的确立,都与相关专业领域当前急需解决或有重要意义的问题密切联系。要求客观全面,要求作者不带有个人偏见,不得主观臆造,必须从专业实际出发。论文的观点要正确,材料要真实可靠,不允许用个人好恶来判断是非,更不允许根据假想去妄下断语。推理要符合逻辑,要经得起检验和论证。

(2) 理论性。技术论文一般都具有一定的理论色彩,甚至组成一个比较严密而完整的理论系统。技师专业技术论文应以理论联系实际为本,通过摆事实讲道理的方式,将生产实践中的感性认识提升到理性认识的高度,从而得出具有规律性的成果。如果只是就事论事,整篇文章充满了材料的堆砌和一般现象的罗列,那就失去了技师专业技术论文应有的存在意义。理论与实践的统一是技师专业技术论文的灵魂所在,其所能达到的理论高度和深度,是衡量其社会、经济和技术价值的重要尺度。一篇专业技术论文总是要运用大量的材料或具体的事例,但这些材料或事例在论文中不是一种简单的组合,而是富有逻辑关系的排列,对所征引的事实,都是经过分析和综合后,再给予理论表述,形成正确结论,使论文具有一定的论证性和说服力。

(3) 创新性。创新性是衡量技师专业技术论文价值的核心标准。科学研究工作是加工处理已有信息并使之在更高的层次上与新的信息有机地融为一体的一种创造性精神活动,需要不断地探讨新的方法,提出新的见解,开拓新的领域,发展新的理论。因此,技师专业技术论文的关键在于创新。技师专业技术论文不论是解答现存的某个问题,还是综合前人或他人的研究成果,都要在原有的基础上提出新的问题和自己的见解,力求有所发现,有所发明,有所创造,有所前进。只有这样才会对专业技术的发展和进步起到推动作用,才会在相关专业界引起反响。

(4) 规范性。技师专业技术论文在体例形式上有着其固有的规定性和规范性。基本格式正在趋向统一化。国际标准化组织制定了国际标准,我国也相继颁布《科学技术报告、学位论文和学术论文的编写格式》(GB/T 7713—1987)、《学位论文编写规则》(GB/T 7713.1—2006)等标准。在撰写技师专业技术论文时要遵循这些规定。

(5) 可读性。写出的技术论文不仅要让同行、专家能看懂,还应让广大的本专业从业人员,甚至广大的社会人士能看得懂。

因此,可读性是技师专业技术论文在形式上和表达方式上所要注意的一个重要方面。它指的是技术论文的文字通顺,概念准确,通俗易懂,逻辑性强,具有生动活泼的文风。而且,技师专业技术论文的结构要篇目合理、顺理成章。论文结构清晰、有条理是论文可读性的基本要求。论文结构不仅要做到层次分明、严而有序,还要注意科学是不能有半点虚假的,撰写技师专业论文时,一定要实事求是。

一篇高质量的技术论文,不仅要有创见,还要讲究辞法,达到科学和文学、科学和美学的完美结合。

2. 撰写技师专业技术论文的意义

通过对技师专业技术论文的筹划和撰写,可使未来的技师们养成严谨的治学态度和工作作风,强化对于技术研究的总结和专业论文写作规范的训练,树立科学思维,发展创造性思维和创新意识,检验综合运用所学基础理论知识、专业知识和基本技能的能力。这些能力主要包括五个方面:

(1)综合本专业基本理论知识的能力。

(2)运用实际生产知识和综合技能的能力。

(3)理论联系实际地进行科学分析、解释、推导、论证的能力。

(4)制订调查研究、技术改造、实际操作、实验方案和设计计算、绘制图表的能力。

(5)撰写符合标准规范要求的调查报告、实验报告、技术革新和技术改造报告以及设计说明书的能力。

因此,在撰写论文时,一定要注意探求相关专业技术科学领域里对生产与业务实践有关的重要课题、新课题和新的技术科学信息,而不是简单、低水平地重复或模仿前人的工作,所撰写的技术论文应能够在认识客观世界和改造客观世界中有所进步。

课题二 专业技术论文的选题原则和选题方法

一篇好的论文,先决条件是有好的选题。选题的目的就是发现问题,明确论文的主攻方向。这在论文撰写中是具有战略意义的大事。

一、技师专业技术论文的选题原则

1. 什么是选题

选题,就是选择论文的论题,是在研究资料的基础上,经过选择,确定所要研究论证的中心问题。一般来说,选题主要包括两个方面内容:一是研究方向的确立;二是研究论题的选择。前者决定了研究者在较长时间内进行科学研究的主攻方向和目标,后者则是在研究方向确立后选定突破口,制订出较为具体的计划,以符合专业培养目标及基本业务要求。

2. 选题原则

选好题、选准题是写好论文的关键。技师论文的选题原则是:

(1)扬长避短,选择本人熟悉或曾经参与实践的课题。论题的选择应注意选择那些自己有着浓厚兴趣,或已经有一定的资料积累基础,有强烈的研究欲望,能使自己的才干得到恰当发挥的论题。当然,选题时若能结合用人单位的实际需要和学校的教学要求进行选题,写作时就能够更全面地运用所学专业知识、技能。

(2)选择本人的知识和能力都能胜任的相对单一课题。一般长期从事某一专业(工种)的学生,往往具有较强的实际操作技能,而技术分析能力和综合概括能力不足。因此,应该选择比较具体的技术问题,便于对问题的深入分析,找出解决方案。而一旦选择综合性课题,可能会由于论述面太广而达不到最终解决问题的目的。

(3)选择有一定实用价值的课题。即看论题有无理论价值和应用价值。

所谓理论价值是指是否对已有的理论进行了修正、充实或提高;是否提出了新的观点、新的见解;是否建立了新的学说和理论。

所谓应用价值是指是否具有实际意义、指导意义以及是否具有推广应用的价值。

(4)选择具有一定创意和深度的课题。有创意就是选定的论题有创造性,匠心独具。如果重复、汇集或模仿已知的论题是没有多大意义的。所谓"创意"是指确立的论题有探索性意义——论述的问题、观点过去从未有过;有发展意义——论证的问题过去虽有过,但未深入;有争鸣性意义——论证的问题,观点与别人研究不一致,或所持的观点与别人有不同看法。

二、技师专业技术论文的选题方法

掌握了恰当的选题方法,可加快选题节奏和加强选题的准确性,也可为下一步论文写作的素材积累打下良好的基础。具体来说,选题的方法有以下几种。

1. 浏览捕捉法

浏览捕捉法就是通常所说的泛读,即对所占有的文献资料快速地、大略地阅读,阅读过程中注意广泛收集资料并着意寻找自己的研究方向,注意在资料的比较中来确定选题。一般可根据以下步骤进行选题的捕捉。

(1)全面快速地浏览资料。在浏览中,注意做好笔记,记下对自己影响深刻的观点、论证方法、论题等,并随手记下在脑海中闪现的心得体会。一些相同或类似的观点和材料,可以不必重复记录,只需记下资料名称、文章题目、页码即可,以备写作时引用。

(2)做好资料的分类整理工作。就是将笔记内容进行分类、排列、组合,从中找出论题方向。具体的归类方法有:

①本专业技术领域具有权威性和影响力较大的资料归为一类;

②对同一问题有几种不同观点的资料或与本专业技术领域关系密切的资料归为一类;

③本专业技术领域最新的资料及成果归为一类;

④本专业技术领域有争议的最新资料和成果归为一类;

⑤自己在阅读中的体会和观点归为一类等。

(3)体会分类。完成了资料的归类后,可以结合自己在日常研究中的体会对手头上现有的资料进行分析、比较,经过反复多次的比较后,可以逐渐形成自己的想法,选题的目标也就会渐渐明朗起来,最终达到确定选题的目的。

总之,浏览捕捉法就是要求作者在充分占有资料和进行文献评估的基础上再选题,也就是说要阅读大量与所要选题相关的文章、书目,以此确定选题研究的意义,明确创新点,为下一步写作积累素材。

2. 追溯验证法

追溯验证法是通常所说的跟踪验证法,即是先有一种"拟想",然后再通过阅读资料加以验证,最终确定论题的方法。这种选题方法的特点是必须先有一定的想法,根据自己平时的积累,初步确定准备研究的方向、题目或选题范围。但这种想法没有实践的检验,它是否真正可行,自己心中还没有太大的把握,所以还需依照"拟想"的研究方向,跟踪追溯。可以从以下方向进行追溯:

(1)追溯本专业技术领域学术研究动向。验证自己的想法是否与别人雷同,如果自己的想法别人已有研究成果在先,则不必考虑再选此题;若自己的想法只是部分与别人的研究成果重复,则应当缩小研究范围,只对非重复方面作深入探讨研究。

(2)追溯自己的"拟想"是否对别人的研究成果有补充作用,如果自己的想法能很好地补充别人研究中的不足,就可确立选题。

(3)如果自己的"拟想"无据可查,受到研究时间的限制,自己又缺乏足够的事实来证明自己的"拟想",应当中止该项选题,留到以后再作研究。

(4)追溯自己在研究中的"灵感",这些灵感往往来自对某一问题深思熟虑的结果,如果能及时捕捉,顺势追溯下去,最终形成自己的成果,将是很有价值的选题。

总之,追溯验证的选题方法,是以主观"拟想"为出发点,通过选定研究方向追踪验证是否可行。需要强调的是,这种主观的"拟想"不是"凭空想象",而是以事实和需要为依据的。

3. 调查法

调查法是在占有一定的资料,进行一定研究基础上,向所要开展研究的对象进行调查、咨询,通过分析综合从而确定课题。具体方式有调查、访问、问卷调查、集体访谈、专家征询等,然后从中加以比较、分析、论证,最后得出合适的课题。

调查法的主要特点是以提问的方式要求被调查者对某个或某些问题表明其态度、想法或做法。一般而言,分为口头调查和书面调查。无论何种调查法,都应事先根据自己选题的方向,设计好相关问题,创造良好的调查氛围,让被调查者能充分发挥自己的主观能动性,从心理上、行动上积极配合你的调查活动,必要时做好记录和事后分析,便于最终确定选题。

某省职业技能鉴定中心推荐技师培训论文撰写的类别有:

(1)企业规划与设备装配方案;
(2)维修企业选址和规模可行性报告;
(3)疑难杂症的诊断与排除;
(4)汽车维修设备的制作与改进;
(5)新型汽车维修技术的应用;
(6)汽车售后服务新理念;
(7)高速公路带来的维修新概念;
(8)典型机械事故引起的交通事故案例分析;
(9)汽车维修纠纷仲裁案例分析;
(10)汽车维修新型经营模式分析;
(11)汽车后市场的发展趋势;
(12)汽车网络系统故障诊断技术;
(13)新型汽车维修企业管理模式探索;
(14)汽车维修网络信息的运用;
(15)新能源汽车、高速公路、新材料带来的汽车维修技术的变化。

课题三 专业技术论文的构成

国家标准 GB/T 7713—1987 规定的科学技术报告、学位论文和学术论文的编写格式,指明报告与论文由前置部分、主体部分、附录及结尾等构成。

一、报告与论文的前置部分构成

报告与论文的前置部分由封面、封二、题名页、序或前言、摘要、关键词、目次页、插图和附表清单、符号、标志、缩略词、首字母缩写、单位、术语、名词、注释表等部分构成,如图1-1所示。

图1-1　国家标准报告与论文的前置部分

二、报告与论文的主体部分构成

报告与论文的主体部分由引言、正文、结论、致谢、参考文献等部分构成,如图1-2所示。

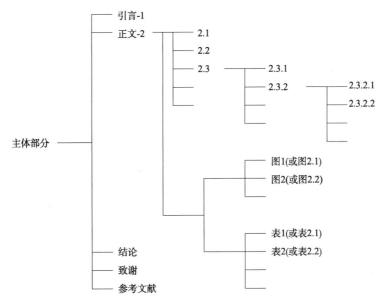

图1-2　国家标准报告与论文的主体部分

三、报告与论文的附录及结尾部分构成

国家标准报告与论文的附录及结尾部分构成只在必要时撰写,如图1-3所示。

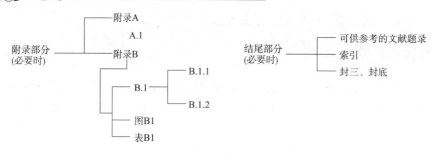

图1-3 国家标准报告与论文的附录及结尾部分构成

四、技师专业技术论文的构成

技师专业技术论文属于论文类,在写作过程中,实际上只包含两大部分8个必要的组成部分,它们是:前置部分(题名、论文作者、摘要、关键词)、主体部分(引言、正文、结论、参考文献),如图1-4所示。

图1-4 技师专业技术论文构成

按照原构成说明,在"结论"与"参考文献"之间应有"致谢"一项,但实际上只有在必要时才附上一句或几句致谢方面的言辞,无须强求加入。

课题四 专业技术论文的撰写步骤

技师专业技术论文的撰写一般包括选题、拟订提纲、撰写论文的正文、完成其他内容的写作、修改成文等步骤。

一、选题

选题即确立论文的主题。论文的主题是作者在说明问题、发表主张或反映生活现象时,通过对材料的深入分析、研究后孕育、形成见解或结论,进而提出的主要观点。这种观点是论文的纲领和灵魂。

论题的选择是一篇论文成败的关键,是撰写前的准备工作。确定论题前,作者总是先大量地接触、收集、整理和研究资料,从对资料的分析、选择中确定自己的研究方向直到定下题目。同时,它还是论文写作前,必要的数据的收集、整理,参考文献资料阅读及消化的重要环节。

二、拟订提纲

技术论文的选题确定以后,就要着手拟订论文提纲,即拟订论文的结构,它是未来论文的结构形式,也是论文表述的依据。论文的提纲是撰写论文的基本思路,是论文的逻辑骨架。正如一项工程建设需要有设计蓝图,一篇技术论文的写作也需要拟订提纲。因为技术论文不同于一般的短篇思想评论,只需打个腹稿就可以动笔了,它篇幅较长,少则数千字,多则数万字,这就需要作者根据自己的研究所得,提炼出论文标题及中心论点,然后大致勾勒出围绕中心论点而进行论证的不同层次的纲目,以及各个层次对材料的运用和编排,这项工作就是拟订写作提纲。

1. 提纲的类型及举例

从提纲的内容要求出发,论文提纲可分为简单提纲和详细提纲两种。简单提纲是高度概括的论文的要点,如何展开则不涉及。这种提纲虽然简单,但由于它是经过深思熟虑编写出来的,能帮助写作时思路清晰,顺利完成写作任务。如果没有编写提纲的准备,边想边写,想到哪写到哪,很难保证思路的畅通,还有可能写偏题。下面以《电喷汽车的顽固疾病积炭的预防措施》为例,介绍简单提纲的写法。

一、引言
二、正文
1 气门、燃烧室积炭产生原因分析
2 进气管积炭产生原因分析
3 气门积炭诊断
4 减少和预防积炭产生的方法
三、结论

详细提纲,则是把论文的主要论点和展开部分较为详细地列出来,如果在写作之前编写了详细提纲,执笔时就更加顺利。下面仍以《电喷汽车的顽固疾病积炭的预防措施》为例,介绍详细提纲的写法。

一、引言
1 提出中心论题
2 说明写作意图
二、正文
1 气门、燃烧室积炭产生原因分析
2 进气管积炭产生原因分析
3 气门积炭诊断
3.1 解体法
3.2 内窥镜检查
3.3 观察反馈电压变化
4 减少和预防积炭产生的方法
4.1 加注高质量的汽油
4.2 不要长时间怠速行驶
4.3 多跑高速,尽量提高手挡车的换挡转速
4.4 注意汽车熄火时机
三、结论
每一位驾驶人应重视积炭对发动机性能所产生的影响,用日常维护手段采取有效措施预防积炭的产生。

以上两种提纲,作者可根据需要来编写,一般来说,宜详不宜简。因为,过于简单,等于没有提纲,写作起来较难把握,容易出现跑题或顾此失彼的情况。当然,也可以把详简提纲结合起来写,重点部分编写详细提纲,次要部分编写简单提纲。

2. 提纲的编写

提纲的编写,要注意三个方面的问题:

(1)思考论文的写作意图,包括选题的理由、价值、中心思想、总论点等。

(2)围绕中心思想、总论点确定分论点,考虑论文的层次、结构、逻辑联系等。

(3)将上述思考写成内容提要,这是提纲的主要内容,也是论文结构的骨架。拟写时先要考虑从哪些方面、以什么顺序论述、展开总论点;总论点安排妥当之后,再逐个考虑每个项目下的分论点,每个分论点确定后,再考虑如何论证分论点;安排材料论证分论点。常见的论文提纲结构如图1-5所示。

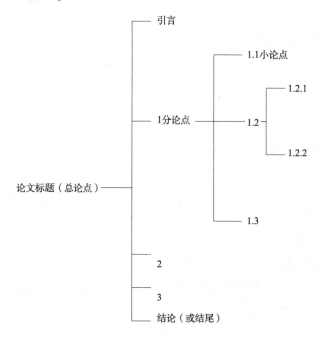

图1-5 常见的论文提纲结构

还要注意的一点是,提纲写好后,并不是一成不变的,在写作过程中,还可以根据中心论点或主要议题进行必要的调整。

三、撰写论文的正文

论文正文的撰写过程是论文写作的核心环节,是锻炼自己如何从大量的感性材料中发现问题,进而深化为理性思考的过程。它要求学生在技能训练与日常实践经验积累过程中从对某一观点、某一现象产生浓厚的兴趣,进而能够独立地思考或探讨。这一过程也是对自己的观察领悟能力、分析思维能力、综合概括能力、文字表述能力等方面的实际检验。整个过程包括:根据提纲写出初稿→反复阅读推敲修改→虚心求教→反复补充完善等,这部分内容将在课题五中详细论述。

四、完成其他内容的写作

按照论文提纲完成其他内容的写作。包括前置部分(题名、论文作者、摘要、关键词),主体部分(引言、结论、参考文献)。写作时注意与教材对照,补充完善,直至自己满意为止。

五、修改成文

论文的修改是论文写作的最后阶段,也是论文写作中一个非常重要的环节,修改功夫的锤炼是写作能力的一个重要组成要素。清代学者唐彪曾指出:"文章不能一作便佳,须频改三方入妙耳。"因此,一篇好的技术论文往往不是"写"出来的,而是对论文初稿经过反复推敲修改出来的。反复修改的过程,其实是研究的深入,是提高论文质量的有效措施,也是作者严谨的科学态度和对读者、对社会高度负责精神的体现。

一般来说,论文的修改应从全局着眼,大处入手,先审视观点及所用的材料,理清论证的逻辑思路,然后再注意局部的调整、语言的锤炼和技术细节等方面的处理。

1. 技术论文修改的范围

(1)选题和观点的修改。观点是学术论文的灵魂,是论文科学价值的体现。选题得当与否将直接影响论文的质量,关系论文的成败。观点正确与否,表现在选题主题的提炼以及标题的准确与否上。因此,论文的修改首先要从审查修正选题、标题和观点入手。论点的修改就是对文章中芜杂的观点和思想加以整合,提炼出一个更具概括性的总论点。同时,对各个分论点、小论点进行调整疏通与修改,以求论点严谨、明晰和统一。

(2)材料的增删。论文的材料是论点的来源,也是论点成立的基础。材料充分有力,观点才能鲜明突出。材料选用的基本要求主要包括四个方面:一是必要,二是真实,三是恰当,四是典型。增删材料时应以这四个标准为尺度,对材料进行增、删、调,力求达到论点与材料的和谐统一。

(3)结构的调整。论文要有正确的立意,还要有严密的逻辑性。即不仅要做到"言之有理"、"言之有物",还要做到"言之有序"。结构的调整,就是要求理顺作者的思路,检查正文各层次、各段落是否围绕中心论点进行严密的逻辑论证,中心论点放射出的若干分论点是否符合事理,论证层次之间的关系是否严谨清晰,详略是否有致,各部分的过渡、照应、衔接是否自然,全文是否构成一个完整的、有机的整体。调整结构的原则和要求,应该看是否有利于突出中心论点,服务于中心论点。

(4)语言的锤炼。这是论文修改的一个重要方面,它将直接影响到论文内容和观点的表达。技术论文要求用词十分精确,句法完整严密。要使论文写得准确、流畅,精当,就必须对语句进行字斟句酌,千锤百炼。论文的语言修改,主要包括以下几个方面。

①字词的选择应做到准确、鲜明和生动。切忌生造杜撰词语,拆用成语,要消灭错别字和不规范的简化字。专业术语与概念要求运用准确。

②句和段的修改。在应用长句时切忌出现语法错误,对结构残缺、混乱或搭配不当的句子,要注意改正,使之符合语言规范。严禁造句半文半白,滥用修辞手法、名言、警句。同时注意句子简明、精炼,句式富于变化,长短相间,上下贯通,使文章读起来抑扬顿挫,通顺流畅。

③标点符号及格式的规范使用要符合国家标准《标点符号用法》(GB/T 15834—2001)。标点符号是文章的构成要素之一,是书面语言的"五官"。标点符号应真正标出语句、段落、层次、篇章的脉络和逻辑,做到准确无误。论文的书写还有一些约定俗成的格式和规范,例如标题的书写、空格、小标题及序号的使用等,在论文修改时也应注意。其他的包括数字、图表、符号和公式的书写也要符合规范标准。

④还应再次核对引文和参考文献,对照原文,逐字校对,检查引用是否有误,注释是否清楚规范,参考文献的列举是否确凿,有无遗漏等。

2. 技术论文修改的方法

(1) 自改法和求教法。自改法,就是作者对自己的论文作全面检查,找出毛病,加以改正,直到最后定稿。求改法,这是一种虚心求教、集思广益的修改方法。即作者在对论文初稿作一定修改之后,将文稿交给他人,请别人帮助修改,提出意见和建议,集多家之言后,再对论文进行修改,往往会收到意想不到的效果。为了便于交流,修改纸质文稿时应采用标准校对符号(标准详见附录 A)。

(2) 热加工法和冷处理法。热加工法,就是在论文初稿完成后,趁热打铁,及时修改。这时作者对刚完成的论文内容相当熟悉,此时做修改,保持了思维活动的一致性和连贯性,对先前写作时无暇顾及的缺漏或错误,做及时补充和修改,印象比较深刻。但热加工法的缺陷也比较明显,由于作者的思路尚处于初稿写作的逻辑框架之中,不能跳出原来思维的圈子对论文做冷静的观察,所以很难有新的突破。冷处理法,是指作者在完成论文初稿之后,有意识地放一段时间,三五天,一两个星期,甚至更长的时间,等自己经过一番冷静沉思,或遇到新的启发之后,再动笔修改。这种方法可以避免热加工法不够冷静、清醒的缺点,作者比较容易跳出初稿思路的封闭式圈子,它的缺陷在于很容易忽略在初稿写作过程中偶然闪现的思想火花,有时因时间限制,不允许放几天,就无法冷处理了。

(3) 静观法和朗读法。静观法,就是修改时把论文草稿从头到尾看几遍,冷静地做一些分析。看看改改,几经反复,也可以把论文修改引向深入。朗读法,就是把论文初稿诵读几遍,发现问题,然后修改。这种方法,对论文中存在的一些问题,如语句不通、衔接不紧、缺词漏字、情感不符等语言表达方面的问题,光看不容易发现,一旦朗读出来,就可以发现不妥之处。

以上的几种论文修改方法并不是彼此孤立的,它们相互交叉,我们可以综合运用多种方法反复修改,直到取得比较理想的修改效果。

课题五　技师专业技术论文的写法

技师专业技术论文的撰写,一般来说主要包括以下几个方面的内容:标题、论文作者、摘要、关键词、引言、正文、结论、参考文献等。下面将一一介绍各部分的写法。

一、标题

标题又称题目或题名,它是论文的有机组成部分,也是论文的眼睛,是论文不可缺少的、最显眼的组成部分。标题还是对论文思想内容最集中、最鲜明、最精炼、最高度的概括,它对于突出论文的主旨,表达思想内容和主要的学术信息,有十分重要的作用。

好标题可以引起人们阅读兴趣;可以帮助揭示主题,有助于读者理解文章内容;能把作者的论文在同类研究中突出出来;能概括全文的基本精神,还便于对文章进行分类。

1. 标题的形式

论文标题的形式较多,一般常用的基本形式有:

(1)主标题。又称总标题,它是与副标题、小标题相对而言的,其表现形式为单行标题,一般论文大都采用这种标题形式。如:

奥迪FSI发动机与TDI发动机尾气净化对比分析

应该说明,如果论文没有副标题和小标题,论文的标题就不再称为主标题,一般就直接称标题或题目。

(2)副标题。有些论文题目根据选题的需要还要在主标题下设副标题。副标题一般说明论文写作的原因、内容和范围等,主要是用来对主标题加以补充、说明或加以限制。如以下标题为主标题下设副标题的写法。

制冷循环的冷凝、蒸发温度对制冷量的影响
——五十铃NKR人货两用车空调系统的改造

(3)小标题。又称分标题或插标题,它是分别穿插在论文中的小题目,使论文层次清楚、重点突出、更加醒目,起到减少过度文字和缩短篇幅的作用。一般说来,内容丰富、篇幅较长的论文,多在某些段落前有一个小标题,对这些内容加以概括。

2. 论文标题的要求

论文标题的基本要求是:贴切、醒目、简洁、新颖。

(1)贴切。指论文标题能确切地反映论文的主题或内容,反映论文的精神实质。而且,标题所反映的内容不能过大或过小,更不能为求新奇而文不对题。

(2)醒目。是指能引人注目,有一定的吸引力,给人以过目不忘的印象。

(3)简洁。是指要用最恰当、最简明的词语组合,概括全篇内容。中文标题一般不超过20个字,只要能表达论文的思想内容,运用短语、成语做标题都行,不一定强求使用完整句子。

(4)新颖。是指大胆创新,不落俗套。人们常说,眼睛是人心灵的窗口,文章的眼睛就是它的标题,一篇论文,首先映入读者眼帘的是它的标题。但要强调的是,新颖不是脱离事物的真实内容创造标题,而是应该在深入挖掘题材的思想内容上确定好论文的标题。

二、论文作者

一般来说,论文作者一项,即在标题下方署上作者及单位名字。

1. 作者署名的意义

作者署名可作为拥有著作权的声明;可表示文责自负的承诺;还能便于读者检索或与作者联系。

2. 作者署名的条件

直接参与本项研究的选题、设计和开创;直接参与获取原始数据的试验和实验工作;直

接参加论文的撰写工作;能够对取得的数据和结论加以解释;阅读过全文,同意发表,并承担由此而来的政治上、学术上、道义上和法律上的责任。

为弘扬科学精神,加强科学道德和学风建设,抵制学术不端行为,端正学风,维护风清气正的良好学术生态环境,重申和明确科技工作者在发表学术论文过程中的科学道德行为规范,中国科协、教育部、科技部、卫生计生委、中科院、工程院、自然科学基金会共同研究于2015年11月制定了《发表学术论文"五不准"》。

《发表学术论文"五不准"》具体包括:一、不准由"第三方"代写论文。科技工作者应自己完成论文撰写,坚决抵制"第三方"提供论文代写服务。二、不准由"第三方"代投论文。科技工作者应学习、掌握学术期刊投稿程序,亲自完成提交论文、回应评审意见的全过程,坚决抵制"第三方"提供论文代投服务。三、不准由"第三方"对论文内容进行修改。论文作者委托"第三方"进行论文语言润色,应基于作者完成的论文原稿,且仅限于对语言表达方式的完善,坚决抵制以语言润色的名义修改论文的实质内容。四、不准提供虚假同行评审人信息。科技工作者在学术期刊发表论文如需推荐同行评审人,应确保所提供的评审人姓名、联系方式等信息真实可靠,坚决抵制同行评审环节的任何弄虚作假行为。五、不准违反论文署名规范。所有论文署名作者应事先审阅并同意署名发表论文,并对论文内容负有知情同意的责任;论文起草人必须事先征求署名作者对论文全文的意见并征得其署名同意。论文署名的每一位作者都必须对论文有实质性学术贡献,坚决抵制无实质性学术贡献者在论文上署名。

三、摘要(内容提要)

撰写较长的论文或正式发表的技术论文,一般要写出论文的摘要。摘要不是整个论文的段落大意,摘要应简明扼要地写明本论文研究的目的、方法和结果,便于读者迅速了解全文主题及主要内容,以确定其有无阅读价值。摘要内容一般根据论文篇幅长短控制在200～300字之间。《科学技术报告、学术论文和学位论文编写格式》(GB/T 7713—1987)中规定:"摘要应具有独立性和自含性,即不阅读报告、论文的全文,就能获得必要的信息。摘要中有数据,有结论,是一篇完整的短文,可以独立使用,可以引用,可以用于工艺推广。摘要的内容应包含与报告、论文同等量的主要信息,借此读者确定有无必要阅读全文,也供文摘等第二次文献采用。"例如:《浅谈汽车液压动力转向装置故障的诊断与排除》的摘要如下。

本文主要介绍一台采用动力转向的载货汽车,由于动力转向系统的车轮最大的偏转角度比原标准少了 20^0,使动力转向器内的橡胶密封元件早期损坏,导致车辆行驶转向沉重及转向后回复不良的现象,介绍其故障的诊断分析与排除过程。

四、关键词

关键词又称说明词或索引术语、主题词。是编制各种索引工具的重要依据。它是最具实质意义的检索语言,它可以从题名中、从文摘中、从论文的分组标题中、从结论中选取出来。从上述四个部位去选取关键词,可以做到全面、准确。关键词由最能体现文章内容特征、意义和价值的名词、动词或词组组成,诸如物品名称、产品型号等专业术语。关键词一般每篇 3~6 个为宜，个数太少不利于检索，过多又容易造成所表达的含义偏离主题，使主题含义混乱不清。

关键词可以包括两类：一类为汉语主题词表上所列的主题词；另一部分为主题词表上未列入的词汇。选择关键词应尽量采用本专业普遍公认的词汇。

为了高质量地选取关键词，应做到：第一，必须认真分析专业论文的核心宗旨，选出既能概括核心宗旨，又能使读者大致判断技师专业技术论文论述内容的词或词组；第二，选关键词要精练且具有唯一性，同义词、近义词不宜并列为关键词；第三，关键词的应用必须规范，要准确体现不同职业（工种）和各学科的名词和术语。

例如：《汽油机产生爆燃的原因、危害与预防》一文的关键词是：

爆燃　原因　危害　预防

五、引言

引言即引论，一般写在正文之前，向读者揭示论文的主题、目的和总纲，是作者自己给文章的价值、学术研究或技术水平的定位。

1. 引言的主要内容

一般包括四个方面：第一，前人研究的结果与分析；第二，本研究的目的和意义；第三，采用的研究方法和途径；第四，最重要的研究成果。以上四部分内容都可以写，也可择其主要的写。

2. 引言的写法要求

首先引言是文章的基调，应反映文章的主旋律，紧扣主题。其次，引言要开门见山，简明扼要，不要拖泥带水，绕圈子；也不要长谈自己的感受，更不要自吹自擂，抬高自己，贬低别人。

技术论文的引言，首先应介绍技术的应用价值；然后介绍技术发展状况，应用范围；最后，引出存在问题，并给出本文解决该问题的技术要点。

引言实际是全文的总纲。就一般情况而言，好的题目再加上好的引言，几乎就可以使人对论文的整体有一概括的了解。《第三代 EA888 发动机创新型热管理系统》一文引言如下。

大众汽车近年来不断推出致力于冷却系统的精准控制新技术，如电控节温器技术、电控无级冷却风扇技术、双节温器技术、双循环冷却技术以及涡轮增压水冷技术等。最近在第三代 EA888 发动机上推出了创新型发动机热能管理系统，其冷却回路的主要特点是：在原来传统节温器控制大、小循环的基础上全新开发出运用电控旋转阀组件的创新型热量管理系统。创新型热量管理系统是针对发动机和变速器的一项智能冷起动和暖机程序，它可实现全可变发动机温度调节，对冷却液液流进行目标控制。在此，本文将对创新型热量管理系统的结构和原理进行详细介绍。

六、正文

正文，是论文的核心部分，是作者研究成果的具体描述，担负着阐明作者观点和主张的任务，体现论文的研究水平和学术价值。作者在该部分将结论中提出的问题加以详细分析，展开有效论证，并提出可能解决问题的方案。正文在文章中篇幅最长，占全文的

80%～90%。

1. 正文部分写作时须做到论点、论据、论证的有机结合

（1）论点正确鲜明。论点是作者在社会实践和理论探索过程中有所发现、有所思考而形成的见解和观点。论点是否正确，能否让读者接受、赞同并支持这种主张、观点和见解，是全文的关键。所谓论点正确，就是指论文的论点要符合科学性的原则，准确无误地反映事物的本质和规律。所谓论点鲜明，是指文章的基本观点是明确的，能够旗帜鲜明地显示出作者的立场和态度。这是写好论文的基础。

（2）论据真实可靠。论据是作者用来证明论点的材料和依据，一般分为理论论据和事实论据。前者指各门学科中的一般定理、定律、科学常识和被证明了的一些科学论断等；后者指作者在社会实践中所获得的确凿事实、数据等有关材料。论据是文章精华所在，文章在进行多方论证时，所采用的材料必须经过反复证实。论证时所引用的第一手材料要切实公正，丢掉个人的好恶和"想当然"；第二手材料要刨根问底，查明原始出处，正确领会。所有引用材料需要在文章中做出标注，这不仅是对所引用材料内容的尊重，而且是对读者和作者本人负责的态度。只有以真实可靠的论据来证明论点，论证才能理由充分，说服力强。

（3）论证方法科学恰当。论证是作者运用论据来证明论点的过程和方法。其目的在于揭示论点和论据之间的内在联系，从而证明论点的正确性。为了达到证明自己观点的目的，还需要掌握各种论证方法，常见的论证方法有以下几种。

①归纳法：是根据对一些典型事例的分析、研究，进行科学的归纳和概括，推导出一般结论的方法，即通过列举事实论据来证明论点。

②演绎法：是以一般原理为论据进行论证个别事物的方法。即用科学的事理来证明自己观点的正确性。

③类比法：是将两种相同或相近的现象、事理加以比较、类推，从已知的一种现象或事理的正确性，证明另一种现象或事理正确性的论证方法。

④因果法：是通过分析事理，揭示事物之间的因果联系来证明论点的一种论证方法。

⑤反证法：是从反面间接证明论点正确的方法。即不直接论证作者的观点能够成立，而是从反面入手，证明与正面论点相矛盾的反面论点的错误，从而间接说明正面论点的正确。

⑥引申法：又称归谬法，是指不直接指出某一观点的错误，先假定它是正确的，然后以它为前提下，做出符合逻辑的引申，推导出一个显然荒谬的结论，进而证明假设的那个观点是错误的，使人更明显意识到它的荒谬，使此论点不攻自破，从而在反驳的基础上树立正确的观点。

2. 正文部分的写作顺序

（1）提出问题。说明为什么要撰写本文。对于汽车维修工而言，主要是论述各类型车辆在使用中存在的问题极其影响。

（2）解决问题。主要是对所提出的问题进行科学的分析并提出解决办法。对于排除故障类的论文而言是故障原因分析和维修方案的论述及实施。对于技术改造、技术革新类的论文而言是方案的比较选择和实施。这一部分是重点内容。

(3)结果与分析。主要是论述项目实施的效果,是论文必不可少的重要内容之一,是体现论文价值的关键内容。对于排除故障类的论文而言,通过结果分析提出故障防患措施方案、制订设备的安全操作规程或安全管理制度。对于技术改造、技术革新类的论文而言是方案实施的经济效益及社会效益的论述或者是方案的改进建议等。

总之,从文章全局来说,作者提出问题、分析问题和解决问题要符合客观事物的发展规律,符合人们对客观事物认识的规律。从局部来说,对于某一问题的分析,某一现象的解释,要体现出较为完整的概念、判断、推理的过程。整篇文章要做到观点和材料有机结合,逻辑严谨,格调统一,紧紧围绕中心论点,进行严密充分的论证,只有这样,才能奠定一篇好论文基础。

七、结论

结论是作者根据正文研究成果经过概括、判断、推理的过程而形成的总观点。是全篇论文的归宿,是正文中提出问题、分析和解决问题之后的答案,是围绕正文所作的结论,是全文的概括和提高。

(1)结论写作的一般要求是:总结全文,突出主题;照应开头,首尾呼应;言简意赅,恰当有力。

(2)写好结论一定要避免三种现象:第一,"草率收兵";第二,"画蛇添足";第三,"空泛笼统"。结论可以说是整个研究过程的结晶,是全篇论文的精髓归宿,也是作者独到见解之所在。因此,如果结论部分已在引言或正文部作了提示、说明,那么,这部分只作为文章的收尾,不必"画蛇添足"再一次揭示文章的主旨,但必须注意与论文的开头照应;其次,结论与结尾不同,结尾只是文章的最后一段,结论则是全文论点的归纳、升华,"草率收兵"、"空泛笼统"都达不到结论的写作目的。另外,结论比研究结果和分析更进一步。有的论文的结论不是规律性的概括,也不是科学的解释,而是某种预见或展望,某种建议或措施。通过分析揭示规律,然后根据规律预言发展趋向,提出展望或今后探讨的问题;或对研究结果的应用提出建设性意见,甚至提出促进或抑制的措施等。这类论文很具有指导性。

专业技术性论文的结论还应注意留有余地,因为我们的研究处于一种探索阶段,往往还不是终点。所以,结论的措辞要注意分寸,逻辑严密,表达中肯、确切,要注意与文章开头相呼应。

八、参考文献

参考文献是作者在撰写论文或编辑论著时引用的前人或他人的观点、数据、图书报刊资料和电子文献。

由于论证的需要,常常需要参考一些文献、专著、资料或引用他人著作(论文)中的观点、材料、数据和研究成果等。这是正常的,但应在自己论文中标注出来,以示作者对别人研究成果的尊重,也防抄袭之嫌,同时也有利于提高论文的可信度,反映研究的水平,并给别人一些启发。

课题六　技师专业技术论文的写作规范

技师专业技术论文虽然其内容千差万别,其构成形式也是多种多样,但均由文字、数字、表格、图形等形式来表达。因此,撰写技术论文必须注意内容与形式的统一。技术论文是技术成果的载体,是学术信息的来源。为了便于论文所记载的技术成果信息能被系统地收集、储存、检索、利用、交流和传播,就要求论文所提供的信息符合标准化、规范化。为此,技术论文的写作必须遵守一定的行文格式、规范。另外,我们写技术论文的目的还是为了将自己的技术成果传播出去,以发挥更大作用,这也同样要求论文的写作必须符合报纸、学术刊物等媒体的用稿格式要求,这也涉及写作规范问题。

一、技术论文行文格式规范

专业技术论文行文格式应遵守《科学技术报告、学位论文和学术论文的编写格式》(GB/T 7713—1987)《学位论文编写规则》(GB/T 7713.1—2006)(部分代替 GB/T 7713—1987)。一些院校把相关标准常用条款汇编成《专业技术论文撰写格式规范》(见附录B),方便了初学者查询对照使用。

1. 标题

论文的标题要居中,两边空格要均匀。例如:
　　　　　　浅谈汽车 ABS 系统故障的诊断与排除
论文标题如果较长必须回行时,也要居中排列。例如:
　　　　　　浅谈现代轿车车身
　　　　内外硬塑件事故损伤维修的简优工艺
论文如果有副标题,破折号应比正题缩进两格,用稍小字体。例如:
　　　　制冷循环的冷凝、蒸发温度对制冷量的影响
　　　　　　——五十铃 NKR 人货两用车空调系统的改造
论文正文编排方式按 GB/T 7713.1—2006,章、节编号全部顶格排,编号与标题之间空 1 个字的间隙。章的标题占 2 行。正文另起行,前空 2 个字起排,回行时顶格排。例如:
1　×××××××(章的标题)

　　×××××××××××××××××××××××××××××××××
×××××
1.1　××××××(节的标题)

　　××××××××××××××××××××××××××××××××
×××××
1.1.1　××××××××××××××
　　a. ×××××××××××××
××××××
　　b. ×××××××××××××
××××××

2. 署名与作者信息

作者署名的格式。论文的署名可放在标题下面,居中单占一行。如果署名与标题之间空一行,下面的摘要或正文前也要空一行。署名是两个字的,中间要空一格。如果研究成果为两人或多人共同合作完成的,应该按论文撰写中的贡献大小,排定署名顺序。工作量相等的,可按姓氏笔画或通过协商安排署名先后。技术论文的个人署名,可用真名;多位作者的署名之间用逗号隔开;作者单位不同时,应在姓名右上角加注数字序号。作者工作单位应写全称。工作单位之间用分号隔开,并在其不同的工作单位名称之前加注与作者姓名序号相同的数字,一级单位与二级单位名称之间要有空格。例如:

浅谈点火开关故障和别克雨刷电机回位的问题

李　方[1],刘小东[1],王亚州[2]

(1.西安××公司;2.西安××维修厂)

此外,目前有些刊物要求将作者单位、地区、邮政编码等用括号形式写在署名下方,同样居中;也有的刊物将作者介绍放在文章末尾或不作介绍。按照《中国高等学校社会科学学报编排规范》规定的作者署名和有关信息的写作格式举例如下:

爱丽舍车防盗指示灯常亮

王冬冬

南京蓝盾神龙汽车技术服务有限公司,江苏　南京　210097

除此之外,论文或作者的其他信息,可以以脚注的形式打印在论文首页底部。如作者的出生年月、性别、职务、职称等。

3. 摘要和关键词

"摘要"又称"内容提要";"关键词"又称"主题词"。在文章中可用黑体字表示。常用的格式:

摘要与内容之间空一格。如:摘要　×××××××。

关键词写在"摘要"的下面(也有的刊物放在上面),词与词之间用分号或空格隔开。

如:关键词　××××　×××

4. 引文、注释、图表

(1)引文:按引用的方式,一般分为原文引、原意引、综合引三种。

原文引:又称直引,即直接将他人文献中的词句或段落的原文,引用到自己的文章中来。引用原文的文字必须前后加上引号,而且绝对忠实于原文,原文中的每一个字,包括标点符号,都不得更改。

原意引:又称意引,间接引文。即只引他人文字的原意,不引原话。前后可不加引号,或者只用冒号,但要注意完整理解作者的原意。

综合引:这种引文方法是以上两种引法的综合引用,把意引和直引穿插在一起进行,意引部分不加引号,直引部分加上引号。

(2)注释:又称注解。为了读者对引文的查找和核实方便,或者对文稿中某些难点加以说明,常常需要采用注释。按作用分,一般分为两类:一是注明资料出处的注释,二是解释内容的注释;按注释方式分,可分为直接注释和间接注释。

直接注释:在行文中直接说明所引文字的作者、出处。如:

"×××在《×××××》中指出:……"

间接注释:指在行文内容之外,间接注明所引文字的作者、出处,又可分为三种方式:

夹注:又称文中注、随文注,即在文稿中间,在引文的后面加上括号,括号中直接注明引文的作者、著作或文章的名称、出版处、页码等。

脚注:又称页末注、当页注,即将要注释的内容注在当页的下端(页脚)。

尾注:又称文末注、篇尾注、集中注。即在全文末尾或者书的一节、一章甚至全书之后集中标明引文出处。

注释的一般格式:

①图书:顺序注明作者、书名(如是文集,前面还要注篇名)、出版者、出版时间、版次、页数。作者姓名后用冒号,书刊或文章名称用书名号。

②期刊:顺序注明作者、篇名、期刊名、年份、期号。

③报纸:顺序注明作者、篇名、报纸名称、日期、版次。

(3)图表:图表包括插图和插表。插图和插表也是技术论文的重要组成部分,是技术论文中常用的表达方法,它能把语言、文字难以直接表达或叙述清楚的内容简捷、直观地呈现出来。图表应用阿拉伯数字统一编号,图序及图名置于图的下方;表序及表名置于表的上方。图序及图名、表序表名(及表中文字)均采用比正文小一号的宋体并居中。

①插图:技术论文中的插图主要有线图、点图、面图、实体图、照片等。插图不宜太大,最大图稿一般不要超过270mm×380mm,最小的图不应小于50mm×60mm。

②插表:又称表格、表解。表格格式的具体要求如下:

表头的设计要求简明扼要,尽量不用或少用斜线,表中文字每段最后一句不要句号,计量单位尽量集中体现于表头项目内。

如果表格需要转页,转页部分不必写表号和表名,但要重复书写表头,并在表头右上方写明"续表"。

表格中相邻参数的数值或文字内容相同时应完整写出,不得使用"同上"、"同左"或其他省略符号或文字。

表格中某些栏没有内容填写时,应以短横线表示。

如果不需要说明的事项、注释的内容、缩写词的全称等可在表下附注。附注的序号一律用小号阿拉伯数字在后面加半圆括号,置于被标对象的右上角。

5. 参考文献

参考文献的著录方法为"顺序编码制":是对所引用的文献,按它们在论文中出现的先后顺序用阿拉伯数字连续编码,并根据文中具体情况把序号作为上角标或作为语句的组成部分,然后在文后列出参考文献(同尾注),按顺序由先到后进行著录。

参考文献的著录项目:主要责任者或佚名、题名、出版地、出版者、出版日期(年)卷(期)、起止页码。

例:[1] 任良峰,奥迪A6自动空调维修实例汇编.沈阳:辽宁科学技术出版社,2004,5:43-44.

二、论文封面的格式要求

技术论文的封面(图1-6)应包含论文的主要信息,一般由下列内容组成:
(1)职业(工种):按照《中华人民共和国职业分类大典》的标准名称;
(2)题目:即技师专业论文题目,必要时可加副题目;
(3)申请者的姓名和身份证号码:身份证按照标准18位填写;
(4)申请鉴定考评等级:技师或高级技师;
(5)准考证编号;
(6)学校全称;
(7)鉴定单位;
(8)论文完成的日期。

```
            技 师 专 业 技 术 论 文

         工    种:汽车维修工
         题    目:×××××××
         姓    名:×××
         身份证号:×××××××
         等    级:×××
         准考证号:××××××
         学校全称:×××××××
         鉴定单位:××市×××鉴定所(站)
         日    期:×××年××月××日
```

图1-6 论文封面格式示例

课题七 专业技术论文的答辩

论文答辩是对考生的论文质量、水平进行鉴定考核的一种方式。一般的考核原则是:"写什么问什么"。因此,考生应该按照"做什么写什么"的原则来确定论文题目和内容。

一、论文评分规则

某省职业技能鉴定中心《技师、高级技师统考职业综合评审实施细则(试行)》中明确了论文评分标准(表1-2)和论文交稿答辩程序。

论文包括内容与答辩两部分,分别占40%、60%;答辩成绩和总分均在60分以上者为综合评审合格。

技师、高级技师统考职业综合评审论文评分表

表 1-2

考生姓名		准考证号		身份证号	
所在地市		所在单位			
论文题目					

	评 定 项 目	满分(分)	实际成绩(分)
论文内容部分	1. 论文内容的意义和难度	15	
	2. 论文内容的正确性	15	
	3. 论文结构的逻辑性	15	
	4. 论文的独创性及应用价值	15	
	5. 掌握基础理论知识的程度	15	
	6. 综合分析和解决问题的能力	15	
	7. 文字质量和书面表达能力	10	
	小　　计	100	

	答辩委员问题	1.	
论文答辩部分		2.	
		3.	
		4.	
	评 定 项 目	满分(分)	实际成绩(分)
	1. 考生汇报论文情况	25	
	2. 回答问题正确性	25	
	3. 对论文选题的理解程度	25	
	4. 逻辑思维及口头表达能力	25	
	小计	100	

答辩委员签字	论文撰写部分	论文答辩部分
	年　　月　　日	年　　月　　日

论文交稿答辩程序如下：

（1）递交论文。考生向相应鉴定所站提交论文电子稿及纸质稿三份。

（2）文稿审查。论文文稿由鉴定所站初审，主要审查内容真实性和格式规范性，论文相似比超过整篇文章的 20% 或论文内容不符合撰写要求的不允许参加答辩。

（3）材料上报。鉴定所站在答辩前 20 天确定准予参加答辩的考生论文并列出论文答辩计划安排。

（4）实施答辩。答辩前 15 天将论文交考评员评阅，写出论文书面评语及论文评价结论；答辩前 7 天在网站公布答辩时间及场次；答辩时，考生介绍论文主要观点，每位考评员（一般每个答辩考场安排 2~3 位考评员）提 1~2 个问题，考生回答；答辩考评员评分；论文成绩

汇总。

二、考生答辩前的准备

1. 编写论文简介

论文答辩时,一般要求考生用 5～10min 的时间口述论文重点内容。因此,应该对论文内容进行浓缩,主要叙述正文的主要内容,即按"提出问题、分析问题、解决问题"三个方面,精练地口头叙述。如果论文的引言写得好的话可以在引言的基础上加以扩充完善。

2. 做好物质准备

如有必要,可事先准备好挂图、表格、相片、多媒体课件、幻灯片等,也可以事先写好论文的标题、主要目录等,制作成小卡片,这样利于参照口述,有依据可循,避免慌乱。同时可以加深考评员对论文有一个全面的了解,争取让考评员给你打上"准备充分"的印象分(图1-7)。

图1-7 做好答辩准备

3. 做好知识准备

知识准备是考生在心理上树立自信心,降低焦虑水平和临场正常发挥的前提条件。

(1)要尽可能多地了解和掌握与自己论文相关联的知识和材料,对论文中引用的文献资料进行温习,将所引用的知识真正变成自己理解掌握的知识。

(2)反复熟悉自己所写论文的内容,重要内容,大概在论文的哪几页,要心中有数,以利于答辩过程中需要翻阅时,尽快找到所需要的内容。客观地审视全文中的谬误、片面或模糊不清之处,并针对这些薄弱环节做出应答问题的准备。

(3)要进一步地理解技师专业论文的论点、论据和论证内容。做到真正理解,运用自如。特别对其中的创新观点和创新见解要尽可能准备比论文更为充分的论据和论证。

(4)做好上述准备之后,将其写成提纲,变成自己头脑中的东西。

4. 做好心理准备

答辩前,任何考生都难免会产生焦虑情绪,担心通不过答辩这一关。做好上述准备是形成良好心理因素的前提。另外,应了解答辩的场景布置(图1-8)及答辩要求,一般考评员是围绕论文内容提问的,首先是了解考生的参与程度,然后针对论文中存在的疑问进行询问和澄清。如果是考生亲身的经历和实践,通过答辩是不难的。紧张就不可能正常发挥。

5. 有必要时做好预讲训练

要做到在介绍论文时流畅、准确且不超过时限,建议先自己预讲或请同事、朋友观摩演练,一则便于自己计算、把握时间,另则锻炼自己的表

图1-8 避免紧张情绪

达能力,且能在预讲中,发现不足,征求意见,及时纠正,争取最佳状态上场。

三、答辩的注意事项

考生在答辩时(图1-9)应注意如下事项：

(1)注意礼貌，听清楚考评员提出来的问题再回答，未听清的可请考评员再复述一次，免出差错。

图1-9 论文答辩现场

(2)对考评员的提问要正确对待，虚心求教。千万不能因为考评员的提问难以回答就错误地认为是有意的刁难，产生逆反心理，影响情绪。正确的态度是虚心求教，耐心了解清楚考评员的要求，然后作答，经思考后不能回答的，应虚心请教考评员，不要错过一次学习提高的机会。

(3)遇到不能作答的问题，除虚心求教外，不能错误地认为通过答辩无望而灰心丧气，影响对其他问题的正确回答。有时考评员为了证实考生的技能程度，会提问较高层次的问题，往往这种问题不一定作为评判是否合格的标准。

(4)如果考生在答辩的准备过程发现有些问题在论文中没有交代清楚，尤其是存在错误或不足的，应在介绍论文主要内容时，主动地补充说明或更正。这样就有可能起到回答问题在先的良好效果，顺利通过答辩。

四、答辩提问的重点

考评员的提问一般不会超出技师专业论文所涉及的领域，它必然是与论文相关的理论、技术范围之内的问题。主要是围绕论文的中心内容来出题，所谓的"写什么，问什么"。一般答辩的问题主要集中在以下三个方面。

(1)技师专业论文表述中有疑问且表述不充分的部分。因此，应将答辩准备的重点放在论文中存在的薄弱环节上，仔细查找论文论述中不够详细、不够全面、不够确切甚至于自相矛盾的部分，做出更详尽、更准确的阐述。

(2)水平探测题。主要目的是审查作者掌握基础知识的深度和广度，以及运用这些知识分析问题和解决问题的能力。

(3)对技师专业论文是否为作者本人撰写的真实程度进行检测。即检验真伪。只要作者对自己的论文心中有数，所谓真金不怕火炼，这类问题不必过分计较。

提问所涉及的内容，可参考以下几个问题去做准备。

(1)您为什么要选择这一题目，该论文的现实意义是什么？

(2)该题目的论文在国内外研究的现状如何？曾有哪些人做过哪些研究？他们的成果与主要观点是什么？

(3)本人在该论文的撰写中有何新发现、新体会？提出和解决了什么问题？其意义何在？

(4)论文的基本观点、主要依据以及论证的思路是什么？

(5)论文中有哪些应该涉及或解决的问题,但因力所不及而未能涉及的问题有哪些?
(6)论文中的创见和某些关键环节,如何作口头的解释和说明?
(7)论文中还有哪些尚待解决的问题以及对前景的展望。

以上所涉及问题应根据具体情况做必要的材料准备,不一定面面俱到,但要有备无患,做到胸有成竹,以免临场慌乱。

课题八　专业技术论文的发表

技师专业论文完成后,可以向国内的技术性科技期刊投稿发表。为了使论文顺利地发表,作者要注意所投期刊对稿件内容的要求与录用标准。

一、技术性期刊的要求

技术性期刊有明显的行业性,它发表的作品以是否对发展本行业的生产有利为准绳。汽车运用类技术性期刊大多由本行业的研究所、大企业主办,主办单位的编辑出版机构大多了解本行业的国际科技发展动态,主要依靠组稿、约稿办刊。实现推动本行业或本企业集团内部执行他们的技术发展战略,达到发展生产,促进本行业或本企业集团的技术竞争能力的提高,推动技术革新的展开,为实现争夺市场的根本经济目的服务。综述、动态与新设计、新工艺、新材料等科技论文,只要真正对发展生产有利都会受到这类期刊的欢迎。

技术性期刊大多不经过同行专家审稿,一般由编辑部专业编辑直接选稿。编辑部根据本行业的技术发展战略,制定选、组稿计划,制订报道重点。文稿符合计划与重点,就容易被编辑列选。技术性期刊选稿的标准是实用性,实用性是具有时间和空间限制的,要求文稿有利于国内当前该行业的生产。专家或编辑部的审稿要求,首先是鉴别来稿所提的创新建议是否确实可行,是否经过实践或实验检验,与实际生产的条件有多大差距,应用后将有多大经济效益。

技术论文可能引起产品结构的更新换代,有的将引起工艺改革……它们是行业技术进步的启明灯,行业性的期刊都将视之为主要作品予以刊登。如果文稿符合主办单位的科技发展战略,还将放在最显著位置。与学术性期刊不同,衡量这类论文水平的标准,不是鉴别它对学术发展的作用,而是鉴定它的经济效益。现代科学技术发展的无数事例证明了科学理论为技术发展准备了理论基础,技术的发展不仅推动了社会生产力的发展,也为科学理论发展提供了条件。

技术性期刊将涉及一系列技术细节。国内外的技术竞争日益成为社会重要矛盾,技术保密将成为企业生存竞争的重要手段。各个技术性期刊编辑部都会严格掌握,做到既不透露关键技术,又能披露技术难关攻克的重点;在新技术取得突破后,及时发出信息,既显示出当前的技术优势,又为进一步的优势储备能量和作好防护。这类作品的作者,必须谙熟有关保护知识产权的法律知识,做到既不被侵权,又不侵犯客体的权益。

动态性科技作品也是技术性期刊的主要内容,它们仅介绍技术进展简况,说明新产品、新方法的功效。大多数不介绍技术原理,更不暴露关键技术及其主要细节。发表这些作品的主要目的,只是说明本单位的技术水准,让读者了解技术功能。

有些技术性期刊还为初中高级技术人员或技术工人组织新技术普及讲座,约请有关专家撰稿,系统地介绍本行业正在推广的新科学或新技术。作为技师有这方面的职责和义务,也有写这方面文章的技术优势。

二、投稿的操作与技巧

对于大多数作者来说,花了很大心血撰写论文总想尽快发表,希望得到社会的认可,如何提高发表率,是每个论文作者都很关心的问题,下面简单介绍一些投稿时的操作方法和技巧。

1. 论文的缮写

论文书写要字迹清楚、工整,文稿的字面应整洁、清晰,达到编辑部用稿规定的要求。

目前投稿有两种方式,一是书面文稿形式,二是电子文稿方式。对于书面文稿形式投稿,应用通用稿纸誊写,书写格式规范,页码编排有序,因为从字迹也可以从一个侧面反映出作者治学态度的严谨程度,文章给编辑的第一印象就是字迹,工整秀丽的字迹能给编辑一种愉悦感,整洁的版面与规范的书写还能给编辑一种被尊重感。目前,随着计算机的普及,投稿时最好用打印文稿并附光盘,文档的保存格式应按期刊的要求办理。用电子邮件方式投稿,也是受期刊编辑部欢迎的一种投稿形式。

2. 投稿期刊的选择

我国汽车维修业期刊较多,常见有《汽车维修技师》《汽车与驾驶维修》(维修版)《汽车维修》《汽车维修与保养》《汽车电器》《汽车维护与修理》《汽车技术》《汽车运用》《客车技术》《专用汽车》等,还有一些汽车制造企业内部交流的汽车维修"技术通报"。如何选择期刊,这是决定论文能否尽快发表的一个重要因素。因此,作者在投稿前,应对所投期刊作一番研究,从刊物的栏目设定、内容及作者构成等诸方面因素作一番考察,这对提高论文的录用率有很大的帮助。一般来说,期刊的级别越高,对论文的质量要求也就越高。所以必须认真、客观地估计自己论文的水平,选择合适的期刊。

单元二
科研课题的申报、研究与成果鉴定

 知识目标

1. 简单叙述科研课题的来源和选题方法；
2. 正确描述科研课题申报程序；
3. 简单叙述科研课题的研究方法；
4. 正确描述科研成果鉴定程序；
5. 简单叙述科研成果奖励申报的途径与程序。

 技能目标

1. 会正确填报科研课题申报书；
2. 会做科研课题的设计思路；
3. 会撰写科研课题的可行性报告；
4. 会撰写科研课题的成果鉴定材料。

课题一 科研课题的申报与立项

所谓科研课题(科学技术类研究课题也称科技项目)就是一种对学术或研究项目的认可和资助形式。具体地说，它通过一定的评审程序，确定研究资金的分配，从而使最值得资助的研究项目有比较充裕的资金和时间等条件的支持，以保证研究能顺利地开展，达到预期的目的。

课题的生命在于创新。自主创新主要是指科学技术领域的创造性活动，大体有三方面内容：一是原始创新，以获取科学发现和技术发明为目的；二是集成创新，将多种相关技术有机融合，形成新产品、新产业、新工艺；三是引进消化吸收再创新。自主创新的成果，一般体现为新的科学发现以及拥有自主知识产权的技术、产品、品牌。

一项研究课题的完成，一般要经过选题、申报、立项、研究、结题、成果鉴定(评审)等环节。

第一节　课题的来源与选题原则、方法

一、课题的来源

课题的来源有多种多样,一般可以从以下不同的角度进行分类。

(一)从课题的来源渠道上,可以分为纵向课题、横向课题和自立课题。

纵向课题是指来自于国家、省市科技主管部门、科研机构、基金会和学术团体的研究项目。如国家 863 计划科研项目,国家社科基金科研项目,国家自然科学基金科研项目,交通行业主管部门或协会科研项目等。

横向课题是指接受本单位外的企事业单位委托开展的研究课题,或与企事业单位合作共同开展的研究课题。

自立课题是指本单位为了发展的需要而立项的相关研究课题。

(二)从课题的内容上,一般可以分为以下三类。

1. 基础研究项目

基础研究项目是体现一个国家基础理论研究水平的项目,如数学、理论物理等方面的研究项目。

2. 软科学研究项目

软科学研究是以解决决策、组织和管理问题,采用定性分析和定量分析相结合的方法而进行的一种多学科、多层次的综合性研究活动。它的研究范围包括:战略研究,规划研究,政策研究,管理研究,体制改革研究,科技法制研究,技术经济分析,重大项目可行性论证,以及软科学的基本理论和方法等。

3. 应用研究项目

应用研究项目主要研究和解决社会、经济、科学技术、教育等发展过程中的现实问题,或者是同国计民生密切相关的现实问题。

(三)从学科大类上,一般可以分为以下三类。

1. 社会科学研究项目

如哲学、教育、经济、文学类的研究课题。

2. 自然科学研究项目

如数学、物理、医学、天文学的研究课题。

3. 工程技术及应用研究项目

如软件开发、技术研究、产品开发类课题。汽车维修技师涉及的课题属工程技术及应用研究课题。

(四)从资金资助的角度,可以分为两类。

1. 基金资助课题

资助的资金可以来自政府、企业和学校,也可来自各种基金会。一般来说,社会科学的研究项目,由于实验、设备要求不高,资助的额度少一些;自然科学和技术应用研究的项目由于需要做实验,需要购置一定设备,因而相对资助的资金多一些。

2. 自筹资金课题

自筹资金课题只给予立项,但不给予资金支持,研究所需资金由课题承担者自行解决。课题经费可以改善研究人员的生活和工作条件,使课题研究有比较好的物质条件;但另一方面,研究人员的研究工作受制于经费资助方,如研究方向必须按要求在规定的时间内完成。

二、课题的选题原则

科研课题的选题,除应遵循选题的一般性原则外,还应同所在单位的科研定位、科研方向和自己的专业方向、研究能力、研究兴趣结合起来。

1. 需要性原则

科研课题的选题一方面要符合国家社会发展的需要;另一方面要同当地社会发展的实际结合起来,帮助解决社会发展过程中急需解决的问题,为社会和地方经济发展服务。

2. 科学性原则

科学性原则是指选题必须符合基本的科学原理和客观实际,要有科学的理论依据和事实依据,要经得起实践的检验。同时,选题要遵循人类的共同道德准则。

3. 可行性原则

选题要考虑课题研究本身的可行性。首先是课题承担者本人对自己的学识水平、研究能力、课题研究的组织能力要有一个比较恰当的认识。同时还要考虑课题研究所必须的物质条件、资料来源、时间安排、研究经费等因素。选题时要综合考虑自己的主客观条件,做到量力而为,量题而为,扬长避短,使课题研究能按时保质完成。

4. 创新性原则

创新是科学研究最宝贵的品质。课题研究要有前瞻性,要有原创性的成果,如提出一种新的理论,新的原理;要用新方法解决新问题或老问题。

第二节 课题申报书的编写

选题确定后,就要认真按照相关规定做好课题申报等各项工作。申报文本格式应符合一定的规范,如:国家标准《科学技术报告、学位论文和学术论文》(GB/T 7713—1987)、《科技报告编写规则》(GB/T 7713.3—2014)。交通科技项目的申报文本还必须符合《交通科技报告编写规则》(JT/T 483—2002)中的规定格式。课题申报大致可以分为两个过程,一是课题负责人填写课题申报书;二是企业或资助方科研管理部门的专家审核课题申报书。

一、课题申报书的填写

课题申报书是专家评审、立项的依据。在填写申报书时,项目负责人一定要根据申报书的要求,认真、规范地填写。科研课题申报式样见单元四课题二。

在填写申报书时,首先,要认真阅读申报书,明确申报书的填写要求。其次,要按照要求认真准备,并对申报书中的每一项内容进行认真填写,不要遗漏,对一时把握不准的内容,可向科研管理部门和相关人员咨询后填写,切不可以自己的理解为准。对申报书中的重要内容,如"主要观点""课题要解决的关键问题"等可以在课题组成员充分讨论的基础上填写,以发挥集体的智慧。对"研究的意义""主要观点"等内容的表述要做到观点鲜明、语言简洁,不要把同研究无关的内容写进去。

课题申报书中相关内容的编写一般要求如下。

(一)课题名称

课题名称代表着课题研究的方向,确定课题名称的方法有:

(1)对各类规划课题,可以直接在各类规划课题指南中选定。

(2)可在课题指南的基础上,对研究范围、研究内容作相应的修改后确定。

(3)对自选课题,课题名称要涵盖研究的主要内容,在表达上要准确,标题字数一般不宜超过23字。一般可采用"……的研究"或"……的研究与实践"等表述方式,如"浙江省中小汽车维修企业的发展模式研究"、"浙江省杭州市区汽车特约维修企业发展战略研究"。

(二)课题的国内外研究现状述评

这部分主要考察研究人员对课题前沿研究动态的了解和掌握程度。这部分要在以下几方面重点阐述。

1. 国外研究人员对相应课题的研究状况

要阐明国外研究人员的主要观点,重要理论和研究中存在的问题等;对同一研究领域国外主要研究人员所取得的研究成果应进行比较详细的阐述。

2. 国内同行对相应课题研究进展程度

课题成果同国外研究者之间存在什么差异,是超前,还是落后,或是处在同一水平,哪些方面的研究还存在问题,需要我们作进一步深入的研究等。

3. 本课题研究同国内外研究相比较,先进性体现在哪里

研究人员平时要关注学科或相关研究领域的发展动态,要注意积累相关领域的研究资料,并要对资料进行分析研究、提炼和概括。

陈述要简明、扼要,字数一般不超过2500字。

(三)选题的意义,拟解决的关键问题

选题的意义是指进行本课题研究具有什么样的重要价值,或者说为什么要进行本课题的研究。主要内容有:本课题研究同国内外同类课题的研究相比,具有哪些方面的突破和创新(理论、方法、技术);本课题研究将解决哪些方面的关键问题;本课题研究成果具有什么样的应用、推广价值或指导作用等。

课题研究要解决的关键问题是课题研究的核心内容,是课题研究要达到的主要目标,也是衡量课题价值大小的重要标志。课题研究要解决的关键问题不宜过多,不然就体现不了"关键"二字,一个课题一般以解决2~3个关键问题为好。

课题研究的意义和价值应该是本课题研究所独有的,要具有创新性。

(四)课题研究的基本思路、方法和主要观点

在撰写课题研究思路时,首先,要明确课题的研究类型,是理论研究、实验研究,还是问题研究,明确了课题研究类型,才能有针对性地分析研究的基本思路。其次,在明确课题研究类型的基础上,阐述课题研究的基本内容,如课题将从哪几个方面开展研究,研究的重点内容是什么,主要观点是什么等。再次,要阐述研究所采用的基本方法。

主要观点是指研究者对所研究问题的主要认识和基本评价。对主要观点的阐述要新颖,要进行定性描述。

(五)预期价值

预期价值是指课题研究将产生的社会和经济价值,一般用理论创新程度和实际产生价值(应用前景)来描述。对这部分内容的撰写要做到:

(1)要充分体现与同类课题相比所具有的创新价值,如理论上的创新,观点上的创新,方法上的创新等。

(2)研究成果如果能转化为现实的生产力,则要对成果预期产生的经济效益作出比较准确的预测。

(3)在描述预期价值时,既不要夸大课题研究的价值,也不要缩小其价值,预期价值要同课题研究的最终成果基本对应。

(六)前期研究成果(或前期准备工作)

前期研究成果是指同本课题相关的已取得的研究成果。通过对前期研究成果的阐述,可以考察课题研究是否已具有相应的研究基础,从而评价课题研究人员对相关课题研究的关注程度。

课题组成员已有的研究成果,是对课题研究能力的一种证明。证明材料要附上诸如课题结题证明、所发表的研究成果的复印件、科技成果转化的证明等。

课题研究相应的保障条件,是指时间上的保障、经费上的保障和实验条件的保障等。通过对保障条件的说明,使评审专家认为课题组完成课题研究是有保障的,从而提高课题通过评审的概率。

(七)课题经费预算

课题经费的预算要合理,对各项开支要合理预测,不能狮子大开口。在各项费用中,调研费、资料费、咨询费的预算可以宽裕一点;会议费、劳务费、交际费的预算则不宜过多。

课题经费在使用上要精打细算,以确保课题的完成。课题经费应有专门账户,使用上一般由课题负责人签字为准。

二、课题申报书的审核

课题申报书编制完成后,学校科研主管部门要对课题申报书进行审核。一是要对申报书中的格式进行审核,如填写是否规范,有没有遗漏没填的项目;二是要对申报书中的重点内容进行审核,审核其所填内容是否同要求相符。对不符合规范的申报书要提出修改意见,让课题负责人进行修改,并在规定时间内上交。

审核时要仔细,对把握不准的内容,可以请相关学科的专家审核,以确保课题申报书的质量。

同时,科研管理部门要在规定时间内,及时把课题申报书上报有关部门,以免延误时机,造成损失。

课题二　科研课题的研究方法

科研课题的设计是指课题组成员对整个研究课题进行规划设计,理清课题研究思路,把握课题研究重点,规划课题研究各阶段、各方面的具体工作内容,制订课题研究方案的过程。

第一节　课题设计

课题设计方案尚没有统一的格式,但一般应包括:课题名称;研究的目的、意义;研究的理论依据;研究的目标;研究的基本内容;研究的步骤;研究的方法;研究的成果形式;研究的组织结构和人员分工等内容。

一、课题名称

所谓好的课题名称,主要有两方面的要求,一是名称的准确性,二是名称的规范性。课题名称的准确性,就是要把课题研究的问题、研究的对象写清楚,必要时还要把研究方法写出来。课题名称的规范性要求是指课题名称中所用的词语、句型要符合汉语语法规范,要科学,尽量采用《汉语主题词表》中规定的名词术语。

每一种纵向项目都有其特定的扶持方向。比如省、市科委的计划项目侧重于新技术、新产品的研究,一般不支持涉及面较小的软科学研究;各省交通厅科研项目则重点解决交通行业的技术课题研究。汽车维修协会侧重于本地区规律性和普遍性的技术课题研究。所以,初次参加项目申报的科研人员一定要仔细阅读各类项目的申报指南,以便更有针对性地结合本地本行业生产和建设需要进行课题研究。

二、课题研究的目的、意义

课题研究的目的、意义一般在分析国内外研究概况和发展趋势的基础上完成的,既要从比较大的方面着手,又要有具体的数据和实例。这样,一方面可以使别人一看就觉得本项目确有研究价值,科学性和实用性均比较强,也便于研究成果的推广应用;另一方面,可以督促研究人员为实现某一具体的目标而努力,为体现项目的研究价值不断推敲研究的方法、思路,最大限度地实现课题研究的社会价值和经济价值。

三、课题研究的指导思想和理论依据

课题研究的指导思想是指在宏观上应当坚持什么方向,符合什么要求等,这个方向性要求可以是哲理性的,可以是政府或行业的发展规划,也可以是有关研究问题的指导性意见。在制订课题研究方案时,必须有一个比较明确的指导思想,避免出现原则性的错误。

在开展工程技术课题研究时还必须明确一点,一切研究成果都应当有益于人类的生存和发展,有益于人民物质和精神两方面生活水平的改善与提高。同时,工程技术研究课题还存在着明显的历史阶段性特征。如:在20世纪80年代末我国汽车维修业普遍在研究进口轿车的"改"、"换"、"代"技术。在20世纪90年代电控技术的诊断技术成为汽车维修业研究重点。21世纪汽车维修业侧重在汽车电控技术、车载网络技术、新能源汽车、汽车故障远

程诊断、汽车维修企业模式和效益的研究。

四、课题研究的目标

课题研究的目标也就是课题最后要达到的具体目的,要解决什么具体问题。相对于研究目的和指导思想而言,研究目标是具体化的,必须清楚地写出来,也是最后评价课题完成质量的重要指标。只有目标明确而具体,才能知道工作的具体方向是什么,才知道研究的重点是什么,思路才不会被各种因素所干扰。

五、课题研究的基本内容

有了课题研究目标就可以根据目标来确定这个课题具体要研究的内容,相对目标来说,研究内容要更具体、明确。有些目标可以通过一个方面内容的研究来实现,有些目标就可能需要通过几个方面的研究、综合才能实现,目标和研究内容不是一一对应的关系。

在确定研究内容的时候,不能笼统、模糊,不能把研究的目标、意义当作研究的内容。对于较大的课题要把它分解成子课题详细研究,子课题要进行详细的分解,一点一点地去做。

六、课题研究的步骤

课题研究的步骤就是课题研究的工作计划,一般分成开题阶段、研究阶段和结题阶段三个时间段来安排。对于较大的课题要将其中的研究阶段再细分为前期研究、中期研究和后期研究。

研究阶段的划分要充分考虑研究内容的相互关系和难易程度,分清每个阶段应当完成的研究内容,一个问题不要分成几个时间段来研究。每个阶段都应当解决一些具体的问题,达到一定的目标。如果出现在一个阶段中无法解决的问题,可以单独列出,组织集体攻关,或者单独组织力量作为一个子课题研究,也可以作为另一个课题另行研究。每个阶段的起止时间都要有明确的规定,要落实讨论和总结时间。

七、课题研究方法

课题研究的方法很多,有些适用于教育研究,有些适用于工程技术研究,有些适用于科学研究。一个大的课题往往需要多种方法和交叉方法进行研究,小的课题可能主要采用一种方法,但也要利用其他方法进行辅助。

开展课题研究时,一定要严格按照科学方法的要求去做,不能断章取义,凭经验、凭常识去做。

八、课题研究的成果形式

课题研究的成果形式有报告、论文、专著、软件、产品等多种形式,课题不同,研究的成果形式也不同,而且一个课题也可以有多种成果形式。

课题研究成果的形式在项目申请书中一般以预期成果的名称出现。

九、课题研究的组织结构和人员分工

课题研究工作一般实行课题组长负责制,所以课题组的成员结构中必须由课题组长(主持人、负责人)负责该课题的统筹安排。

一个课题组除了组长之外,还应当有以下三个方面的人:一是权威人士,二是专业人才,三是辅助人员。权威人士可以提高课题组的研究效率,提高研究水平,把握课题研究的方向。现在很多的课题都是交叉性的研究项目,一个课题组应当有不同的专业人才组成,这样有利于通过交流产生新的创意,解决各专业领域内的技术问题,或协同解决新出现的交叉性学科问题。在课题研究过程中有大量事务性组织工作和重复性劳动,辅助人员可以减轻专业人员的事务性负担,使专业人员集中精力解决关键问题,提高课题研究效率。

课题组的分工必须是明确的、合理的,让每个人了解自己的工作内容和责任。但在分工的基础上,课题组成员要有合作精神,大家共同研究、探讨,克服并解决研究过程中的各种困难和问题。

课题研究设计方案应当包括上述九个方面,但针对具体的课题如何进行编写并没有强求一律的格式,只要在规划时阐述清楚即可。各部分的标题内容可以机动地安排,也可以根据课题的特点灵活地拆分合并。

第二节 课题研究方法

工程技术课题研究的目的是为企事业单位解决某些实际问题,而不是为了探索某种全局性的生产实践问题的生产工艺、解决模式或设计方法。

科学的研究方法是开展科研认识活动的一个必不可少的要素。

从选定科研课题→搜集事实材料→提出和验证假说→形成科学理论→理论复归实践的科学技术研究的一般过程来看,科研活动中需要大量信息。所谓信息就是科研中关于事实的判断。因此,搜集事实材料就成为所有科研活动中必备的过程。

按照科学研究方法的作用不同,大致可以分成整理概括经验事实的逻辑方法、科学研究中的推理及证明方法、建立系统理论的思维方法和工程技术研究方法以及处理信息的逻辑方法。下面分别予以讨论。

一、整理概括经验事实的逻辑方法

(一)比较方法

所谓比较就是辨认对象之间的共同点和差异点,主要包括:

(1)在相似对象之间寻找共同点。
(2)在不相似对象之间寻找差异点。
(3)在相似的对象之间寻找差异点。
(4)在不相似的对象之间寻找共同点。

比较是一种广泛应用的对经验事实进行整理概括的逻辑方法,在进行观察和实验以及整理通过观察和实验获得的资料时,在理论研究中都常要用到比较方法。比较还是对事实进行分类分析的基础,在简单归纳中也要用到比较,因此掌握比较研究方法是开展科研活动的基本手段。在运用比较方法时,应当在同一关系下按照尽可能全面的标准进行,要就对象的实质方面进行,不应因表面的相同和差异而忽略实质的差异和相同。

(二)分析方法

所谓分析就是将被研究对象的整体分为各个部分(方面、因素、层次),并分别观察其属性的逻辑方法,是一种普遍应用的基本的科学认识方法。

通过分析可以把人们对自然界的认识引向深入,从结果寻找原因,还使得我们能够分别考察对象的个别部分和特殊因素。通过这种精细的研究,揭示对象各个部分和因素之间的联系,同时分析还是认识和把握对象整体的前提。在运用分析方法开展科研活动时,一定要从全局出发,避免产生"只见树木,不见森林"的局限性。

（三）综合方法

所谓综合,就是将已有的关于研究对象各个部分(方面、因素和层次)的认识连接起来,形成对研究对象的统一整体认识的逻辑方法。综合的进程同分析相反,它是把对象的各个部分、方面和因素结合起来加以考察。

在科学研究中综合方法,首先"假定原因已经找到,并且已把它们定为原理,再用这些原理去解释由它们发生的现象,并证明这些解释的正确性",以达到对对象本质的理解。综合方法把对象的各个部分、方面、因素结合为一个统一体加以考察。

从上面的分析可知,分析和综合应同时并用,它们是相互依存和相互转化的,并可用分析和综合来相互检验彼此取得的结果。

（四）抽象

所谓抽象方法,是在对信息资料进行科学分析的基础上,在思维中抽取对象的本质属性,撇开非本质属性的方法。

通过分析,可以把对象分解成各种属性、各个方面加以考察。但任何对象都有很多属性,如果不分主次,依据一些非本质的属性去比较、分类、归纳,并不能推动科学认识的深入和进步。只有研究有实践意义和科学意义的,属本质方面的属性,才能得出重要的科学结论,这就是抽象的重要作用。

（五）概括

所谓概括方法是在科研思维中将关于个别对象的本质的、规律性的认识推广到同类的其他对象上去的逻辑方法。

抽象和概括是紧密相关的,先抽象、后概括。概括是抽象的发展,是思维的更进一步。在构成科学概念的认识活动中,抽象主要解决内涵方面的问题,概括则是在此基础上进一步解决外延的问题。科学的抽象和概括,不能是任意的取舍和推广,它们必须以实践作为前提和基础,从事实的全部总和出发,充分地占有材料,对作为必然性的补充和表现形式的偶然性进行认真研究和大量概括,才能揭示事物的本质和规律。

二、工程技术研究的一般方法

工程技术研究是为了满足特定的社会需要,由具有专门知识和技能的人所从事的研究、开发、创造具备特定功能的产品的活动过程,以及这种活动过程所使用和创造的各种手段、知识和规则的总和。工程技术研究与科学研究相比,所需要的技术知识主要是为解决实际问题,越实用越好,有时只要能解决问题,近似解也可以。与生产活动相比,工程技术研究主要是指导致物化成果的技术知识——设计方案、技术诀窍、工艺说明书等信息形式,而不是生产活动所产出的产品本身,工程技术研究比生产活动具有更大的经验性和高度的综合性。

针对工程技术研究的特点,所采用的科学方法也有很大的实用性,常用的方法有预测、创造性思维和模型试验等。

(一)预测

预测是指通过对现有资料的研究和分析来计算或推测未来的某些事件或情况。按照预测专家捷恩茨的分类法,可以归纳为下述几种类型:

(1)直观型预测方法——指主要靠人的经验、知识、直觉和综合分析能力进行预测的方法,适用于不确定因素较多、历史数据不便利用的复杂情况。

(2)探索型预测方法——假定未来仍按照过去的趋向发展,可由现在推定未来的方法。

(3)规范型预测方法——根据未来需要,从未来回溯到现在,用以获得新信息、模拟各级目标和估计事件实现的时间、条件、途径的方法,多数基于运筹学和系统分析。

(4)反馈型预测方法——这是将探索型和规范型等多类方法的要素结合起来,形成包含许多不同类型方法、不断反馈修正结果的方法系统。

每一种类型中包含有许多不同的预测方法,在开展工程技术研究时应根据课题的性质选择一种或几种来实施。

(二)创造性思维

创造性思维是指通过利用形象化构思、想象和直觉等特有的思维形式,跳跃式地直接抓住事物的本质的思维过程。比较常用的创造性思维形式有发散思维、收敛思维、侧向思维、反向思维、直觉和想象等。

运用创造性思维取得成功的事例很多。例如1891年美国工程师杜里埃在为如何实现使汽油与空气均匀混合以提高内燃机工作效率苦思冥想的时候,看到其妻子用一种新式喷雾香水瓶喷洒香水,于是受启发而发明了内燃机化油器,这就是侧向思维的实例。法拉第根据电能产生磁场而想到磁也能产生电,是反向思维的经典之作。

(三)试验方法

所谓试验方法是指技术开发、设计和实施过程中,为了实现和提高技术成果的功能效用及技术经济水平,人们利用科学仪器、设备人为地控制条件,变革对策,进而在有利的条件下考察研究对象的实践方式和研究方法。科学地掌握试验方法,纯熟地运用试验技术,是对从事工程技术研究人员的基本要求之一。

随着科学技术的迅猛发展,试验的种类日益增多,内容十分广泛,最常用的试验方法有下列几种。

1. 对比试验

对比试验是为确定两种或多种研究对象的优劣异同所安排的试验。通过比较找出长处和短处,相同点和不同点,作为决策的依据。

2. 析因试验

析因试验就是由已知的结果去寻找原因的试验。

3. 中间试验

中间试验是为了把实验室取得的研究成果推广到工业生产中,解决在批量生产时可能出现的种种问题而进行的试验。中间试验是以接近或相当于生产规模进行的,一般安排在工厂进行。

4. 性能试验

性能试验是为了定性或定量地认识对象的种种性能所安排的试验。许多产品按生产标准进行的性能指标检验或出厂检验都是性能试验,工程技术研究的成果是否实现了预定的目标一般须进行此项试验。

5. 模型试验

模型试验又称模拟试验。模型是模仿被研究的对象而设计出来的某种物理装置、电路或电子模拟计算机,原型是现实存在的或预期制造出来的工程技术产物,是被研究的对象。

现在许多高精尖技术装备因价值高昂,不可能直接进行试制,而必须将其简化成物理模型或电模型进行试验。所以掌握建立科学、合理的模型的方法是参与工程技术研究活动的基本条件。

课题三 科研报告的撰写

课题研究论文是指专门用来描述课题研究与开发成果的文章。其主要任务是对课题研究领域中某种现象、技术或问题进行探索和研究,并以足够的论据来论证、论述科学研究或技术开发结果的说理性文章,是学术论文和技术报告的总称。其他论文的撰写常识已在单元一阐述。此处专门对研究报告的撰写规范作说明。

第一节 可行性研究报告的撰写

可行性研究报告是国际上通用的项目决策论证报告形式。它起源于20世纪30年代的美国,经工业发达国家多年来的总结,现已逐步形成一套较完善的工作方法、工作程序和基本理论。20世纪70年代末期,我国在基本建设工作中仿效了国际上的这种做法,以后在科研工作中也引进了此项内容,目前已成为一些重要科研项目申请立项必须进行的工作环节之一。

一、可行性研究报告的特点

(一)政策性

一个大的科研项目,往往涉及许多方面,需要投入许多人力、资金,花费较长时间。因此,可行性研究报告具有很强的政策性,必须从党和国家的方针、政策出发,服从国家经济建设的总体规划和安排,争取最好的经济效益和社会效益。

(二)客观性

可行性研究报告要得出"可行"或"不可行"的明确结论,所以就必须要有坚实的根据(确凿的材料、数据),要进行全面论证。只有这样,可行性研究报告才能起到决策依据的作用。

(三)综合性

可行性研究报告是多学科、多因素、多方位、多层次的。无论在运用科学知识方面,还是在测试手段、研究方法方面,都具有很高的综合性。

（四）时效性

可行性研究报告具有很强的时效性。因此，进行项目的可行性研究和撰写可行性研究报告都要力求及时、迅速。

二、可行性研究报告的基本内容

可行性研究报告一般包括概述、正文、结论三部分内容。

概述一般应含项目名称、项目或产品简介，项目提出的理由、背景、依据、研究内容和项目的意义和目的，项目承担单位及单位简介。

正文主要包括项目方案的论证和经济效益的评价两部分内容。具体包括：市场预测分析（包括：需求预测、销售预测、价格竞争能力、进入国际或国内市场的前景分析），技术方案（包括项目规模、工艺和技术流程、设备来源及分析、产品质量标准等，方案比较、组织结构、人员数量和培训意见，项目的实施进度），效益评价（现有生产能力估计、投资估算及资金筹措、生产成本、销售收入、年税金、年利润、投资利润率、投资回收期），不确定性分析。

结论是在正文分析和论证的基础上，明确项目的可行性。可行性研究报告根据不同项目类型和需求，写法上有很大差别，可根据项目审批单位的要求在内容上有所选择和侧重。但在书写时要注意：应充分明确该项目的可行性研究的目的和意图，以利于抓住关键环节，突出重点。深入调查研究，注意数据资料，尊重客观事实，不随意杜撰，不凭空设想，不草率下结论。分析要有说服力，论证要严密。报告文字要简练，条理清晰，观点明确。

可行性报告的表格式样可参考单元四课题二。

第二节 课题成果类研究报告的撰写

研究成果类报告是科研工作者对某一科研计划项目的全面总结。其目的：一是向上级主管部门或科研项目立项单位汇报科研工作的总体情况；二是通过总结，发现问题，总结经验，对下一步科研工作起指导作用；三是通过研究报告，在一定范围内起学术交流的作用。

研究报告与一般科技论文不同，它的特点是以科学技术的研究作为表述对象，重在报告事实，阐述研究过程及研究所达到的技术指标和数据。其保密性强，一般不公开发表。

一、任务来源

其作用是作为该成果立项和申请鉴定（评审）的主要依据。主要说明立项理由（如目的、背景等）、立项的根据（如计划任务书或设计任务书、合同书）等内容。在写法上可分开说明或综合说明，但不论采用哪种写法，均应写得简要、明确。

二、研究报告

技术研究报告是申请鉴定（评审）资料中全面说明成果内容的主要部分。技术研究报告是科研成果的学术性和创造性的集中表现，决定着成果的学术和技术水平。通过技术研究报告使参与鉴定（评审）者对该成果有全面的了解和应有的重视。技术研究报告既包括成果的技术理论部分又包括成果的实施部分，一般可按以下几部分予以撰写：

（1）引言。应用较短的篇幅，言简意明地叙述本成果的由来、依据和内容。

（2）理论部分。重点说明用途、基本原理、技术性能、指标等。

（3）为实现上述要求和条件的实施过程、制造工艺和技术要求、关键技术及解决办法、措施等。

（4）本成果与同类技术水平的比较。说明达到的行业水平和等级水平（国内、部、省内或行业内等）。

（5）技术经济、社会效益分析。包括产品应用价值、推广前景及产品在安全、环保卫生、降低成本、节能、节材、使用寿命、减轻劳动强度、国产化等诸方面的效益分析。

（6）简述标准化的要求情况。说明本成果按规定要求制定技术标准的情况，如产品的基本性能、测试方法等标准及这些标准从标准化的角度是否符合要求。该部分一般是用文字和附图配合进行说明。文字可分条、项，叙述详细、具体，数字应精确无误，附图合理恰当。

三、试制报告

试制报告应是研制工作的总结。体现如何实现或变更、完善技术设计，以逐步达到技术性能指标的。一般分为第一个（批）样机的研制、样机性能试验、初级（小批）产品的制造三个阶段。从涉及设计文件、工艺、工装、材料、加工装备等方面予以阐述，重点说明在各个阶段发现和解决的问题、性能指标兑现及修正等情况。

四、试验报告

试验报告是用以描述、记录为检验技术研究报告中提出的技术理论、技术方案而进行的试验过程和结果。

撰写时，只要如实地将过程和结果讲清楚即可，有时就是填写固定格式的表格及其说明。但比较复杂的试验报告，则不是表格型，而是文章型。一般由以下几部分组成：

（1）任务来源、试验名称。简要说明立项依据和为完成成果需要进行的试验。试验名称要写得简明、醒目，能集中地反映试验的内容。

（2）试验目的、要求、数量、起止时间。简要地说明为何进行此项试验，要解决什么问题。这部分要写得直截了当，不必面面俱到。

（3）试验条件。应分别说明环境条件，所需的试验装置、测试仪器工具，试验单位，对参与试验人员的要求等。

（4）试验结果。有关试验的方法、步骤和相应的试验数据，都要如实地详细记录下来（包括室内和现场）。要记下时间、条件以及试验过程中发生的问题和分析处理情况，必要时辅之以图表和文字说明。这是研究的原始依据，以备系统分析时参考。

（5）试验结论。对试验中观察到的现象和测到的数据，进一步从理论上加以分析和概括，最后得出结论。确定成果是否科学、合理。结论不是对结果的单纯的重复，而是将试验中得到的感性材料进行提炼、加工，使之上升到理论认识的高度。

上述介绍的是一般的结构，具体到每个试验报告，对各条报告的内容可以有所侧重。如果是定性的试验，应在目的、原理、方法等方面有较充分的论证，而试验数据可以写得简单些；如是新方法的试验，则应着重介绍说明方法。

五、检测报告

检测报告包括检验(检测)报告和测试报告两部分。

(一)检验(检测)报告

国家或省、部认定的检测单位出具的理化、文字、电气等性能检测报告。

(二)测试报告

研制单位根据企业标准或国家标准、部标准(技术性能指标),按有关规定逐项进行测试(验收)后提供的报告。

六、运用(使用)报告及使用单位意见

运用(使用)报告为研制单位综合汇总初级产品在各试用单位的使用情况,包括试用了多少单位、起止时间、地点、试用数量、方式、发现及改进的问题,实际达到的性能指标,使用单位的评价分析和改进意见。具体的使用单位意见也应包括以上内容。

七、企业标准及标准化审查报告

(1)研制单位编制的有关企业标准。
(2)标准化审查报告。一般由主管标准化部门提供,主要内容是:
①产品种类、用途;
②产品图样和技术文件的质量水平;
③产品标准化系数;
④企业标准贯彻(引用)国家、部、委及其他标准情况;
⑤综合评价和意见。

八、技术经济、社会效益分析报告

这是对产品技术经济和社会效益的全面综合。写好这份报告,对成果通过鉴定具有十分重要的作用。因此,必须做好周密的调查研究,根据产品的性能要求,有所侧重地提出可靠的技术经济和社会效益的预测分析。报告可以从以下几个方面予以分析说明,如成果技术水平、产品应用价值、推广前景和从产品安全、环保、成本、节能、减轻劳动强度、使用寿命等。

课题四 科研成果的鉴定(评审)与奖励

一项科研成果完成后,为正确判断成果的质量和水平,促进成果的完善,加速成果的转化,就需要对科研成果组织鉴定(评审)。成果完成单位就应按规定填报有关文件,撰写有关技术资料,报送上级科研主管部门申请技术鉴定(评审);科研主管部门就要按照国家规定,对成果进行鉴定(评审),撰写科学技术成果鉴定(评审)证书。科研人员应熟悉申请科研成果鉴定(评审)时所需的材料,以及各类科研成果奖的申报方法。

第一节 科研成果鉴定(评审)概述

科研成果鉴定(评审)的基本知识及其概念如下。

一、科研成果

科研成果是指某一种科研课题,经过试验、研究、调查、考察,得出具有一定实用价值或学术意义的结果。

(一)理论成果

理论成果是指认识客观世界方面的新发现,解释客观世界方面的新理论。

(二)技术成果

技术成果是指应用于生产建设并具有一定技术经济意义的新技术、新工艺、新产品、新材料和新设备等。

(三)重大科研项目的阶段性成果

重大科研项目的阶段性成果即在某研究阶段取得的生产上有独立使用价值或理论上有突破的研究成果。

二、科研成果的鉴定(评审)

(一)科研成果鉴定范围

各级科技计划内的科研成果,少数计划外的经有关管理部门批准的科研成果,均属鉴定范围。对于汽车维修技师,更多的是属于应用技术类科研成果,申报的鉴定项目应具备以下的条件:

(1)围绕经济生产、基本建设和汽车运用行业迫切需要解决的科学技术问题,面向全国或某一地区、本行业,具有广泛推广应用价值的应用技术。

(2)立项起点较高,具有创新性、实用性,技术上处于同类研究先进水平,预计将取得较大的经济效益或社会效益,对推动技术进步有明显作用。

(二)科研成果评审范围

科研成果评审范围有:

(1)在解决经济生产、基本建设和本行业迫切需要解决的科学技术问题中,具有新颖性、先进性和实用价值的应用技术成果。

(2)首次推广应用的新技术装备。

(3)引进国外新技术、新设备,进行了消化、吸收并有创新发展的或实现了国产化的技术成果。

(三)科研成果鉴定(评审)条件

根据国家科委有关规定,上报的科研成果都必须经过有关主管部门组织的鉴定,并应附有鉴定证书及其他技术文件。

申请鉴定(评审)的科研成果必须具备下列条件:

(1) 达到计划或合同规定的要求。
(2) 技术可靠。
(3) 经济合理。
(4) 实践证明可以应用。
(5) 符合国家标准化和环境保护规定。

申请科研成果鉴定(评审)，应由成果完成单位填写《科技成果鉴定申请表》和提供规定的主要技术资料。

第二节 科研成果鉴定(评审)的一般程序

一、填写申请书

凡符合鉴定条件的科研成果，由成果完成单位填写《科学技术成果鉴定申请表》，经主管部门审查并签署意见后向组织鉴定单位提交申请。

二、单位审查、报送

申请鉴定单位应对拟鉴定的成果进行审查，提前2个月将鉴定申请报告、《科技成果鉴定申请表》和技术资料以及起草的《鉴定证书》报送组织鉴定单位。

三、组织鉴定单位审查、批准

组织鉴定单位对成果鉴定申请进行形式审查和技术性审查，在30天内批复审查意见，明确是否受理鉴定申请，并做出答复。

对特别重大的科技成果，受理申请的成果管理机构可以报请上一级成果管理机构组织鉴定。

形式审查由组织鉴定单位的成果管理机构负责，技术性审查由该机构会同有关业务部门共同进行。

(一)形式审查的主要内容

成果是否属于鉴定范围；《科技成果鉴定申请表》和《鉴定证书》是否正确无误；提交的文件、技术资料是否齐全、完整并符合要求；成果完成单位及主要完成人员排序是否正确，有无成果权属争议等问题。

(二)技术性审查的主要内容

是否完成合同或计划任务书规定的任务；报送的文件和技术资料内容是否正确、翔实；初步判别技术的创造性、先进性、实用性、成熟性、可靠性和推广应用的条件和前景，以及存在的问题等。必要时，可听取成果完成单位的技术情况介绍。

(三)组织鉴定单位批复的主要内容

同意组织鉴定：

(1) 确定组织鉴定单位和主持鉴定单位。
(2) 确定鉴定形式。采用检测鉴定时，根据成果所属专业，确定专业技术检测机构，并同时下达《科技成果检测鉴定委托书》;采用会议鉴定时,确定鉴定委员会名单及正、副主任委员,需要现场测试的,确定测试专家组名单;采用函审鉴定时,确定函审专家组名单及正、副组长。

(3)责成其他单位组织鉴定时,需要采用的鉴定形式和参加鉴定的专家名单由被责成的组织鉴定单位确定。不同意组织鉴定,应说明不同意的理由。

四、参加鉴定工作专家的遴选

"同行专家"是指最接近被鉴定科技成果所涉及专业的科技人员,选聘同行专家组成鉴定委员会(或函审小组或检测鉴定小组)时,应尽可能同时有教学、科研、生产三方面的专家参加。

(一)专家遴选办法

参加鉴定的专家,由组织鉴定单位从科技部或本省有关部门的成果鉴定评审专家库中遴选,申请鉴定单位不得自行推荐和聘请专家。确定参加鉴定的专家名单时,应事先征得专家的同意。

(二)同行专家应具备下列条件

具有高级技术职务,对被鉴定成果所属专业有丰富的理论知识和实践经验,熟悉国内外该领域技术发展的状况。特殊情况下可聘请不超过专家总数1/4的有中级技术职务的中青年科技骨干。

(三)不得选聘为成果鉴定专家的人员

成果完成单位的人员;计划任务下达单位的人员;任务委托单位的人员;长期脱离教学、科研、生产的党政机关管理人员。

由于公安、安全、国防等特殊部门某些成果涉及国家秘密,不宜扩大知密范围,可以聘请科技成果完成单位、任务下达或委托单位的同行专家参加鉴定,但不能聘请直接参加被鉴定成果的研制人员。参加鉴定的专家应保守被鉴定成果的技术秘密。

(四)专家在鉴定工作中享有的权利

独立对被鉴定的成果进行评价,不受任何单位和个人的干涉;要求成果完成单位或者个人提供充分、翔实的技术资料(包括必要的原始资料);向成果完成单位或个人提出质疑并要求做出解释,要求复核试验或测试结果;充分发表个人意见,要求在鉴定结论中记载不同意见,可以拒绝在鉴定结论上签字;要求排除影响鉴定正常进行的干扰,必要时可以向组织和主持鉴定单位提出中止鉴定的请求。

五、技术资料的专家审查

组织或主持鉴定单位应在鉴定前10天,将被鉴定成果的技术资料送达承担鉴定任务的专家。专家对技术资料认真审查并准备鉴定意见。

六、组织鉴定的程序

(一)检测鉴定

按《科技成果检测鉴定规则(试行)》进行,程序如下:

(1) 由组织鉴定单位指定对口的检测机构,向检测机构和成果完成单位下达"委托书"。"委托书"是受理检测鉴定的依据。

(2) 成果完成单位持"委托书"并携带成果实物和技术资料到指定的检测机构进行检测。必要时,成果完成单位应向检测机构介绍成果的具体情况,但不得干扰检测工作。

(3) 检测机构在接到"委托书"和被检测的成果后,一般应在1个月之内完成检测,并出具"检测报告"。

(4) 检测机构在检测报告上加盖"成果鉴定—检测专用章"。

(5) 检测机构对被检测成果的个别技术指标不能进行检测时,可委托其他机构对该指标进行检测,必要时可使用成果完成单位的仪器或设备,但事先必须确定该仪器或设备的可靠性。

(6) 检测机构认为被检测成果不在本机构的检测范围之内时,应及时向组织鉴定单位提出,另指定其他检测机构。

(7) 检测数据难以全面表证被鉴定成果性能、水平时,组织鉴定单位可会同检测机构聘请同行专家,并指定1名负责人,对成果做出综合评价,形成书面评价意见。

(8) 检测机构将检测报告和评价意见送组织鉴定单位审查,检测报告和评价意见将作为《鉴定证书》中的鉴定意见。

(二) 会议鉴定

1. 会前准备

(1) 组织鉴定单位批复鉴定申请并发出召开鉴定会的通知(其他任何单位不得另发与鉴定会有关的通知或请柬),通知的主要内容包括:批准文号和机构;组织鉴定单位和主持鉴定单位名称;鉴定形式;鉴定日期、地点、联系人、联系电话等具体事宜。

(2) 需要进行现场测试的,测试组专家必须在鉴定会召开前完成测试,写出测试报告并签字。

(3) 申请鉴定单位应在鉴定会前做好会务准备。

(4) 组织和主持鉴定单位以及鉴定委员会的正、副主任在鉴定会前应召开预备会,听取成果完成单位关于鉴定会准备情况的汇报,商定会议的具体议程,须安排充足的时间保证专家进行讨论和评议。

(5) 鉴定委员会主任指定1名鉴定委员起草鉴定意见。

2. 鉴定会程序

(1) 组织或主持鉴定单位的负责人宣布鉴定会开始,宣读批复文件,宣布鉴定委员会成员名单,报告出席鉴定会专家人数,宣布由鉴定委员会主任或副主任主持技术鉴定。

(2) 在主任或副主任主持下,成果完成单位、专家测试组、用户单位等分别做技术报告、测试报告、应用报告。

(3) 专家进行现场考察或观看演示。

(4) 专家质疑,成果完成单位须据实回答专家提出的问题和提供所需要的原始技术资料。

(5) 专家评议,采取背靠背的形式,由鉴定委员会进行独立评议,组织和主持鉴定单位可派1~2位代表列席会议(其他人员一律不得参加),了解专家评议情况,但不得对成果发表评价意见。应写上"存在问题"和"改进意见"的鉴定意见,否则视为无效鉴定,应退回重新鉴定,予以补正。参加鉴定会的专家和列席会议的人员不得以任何理由将评议情况,特别是讨论中的不同意见对外泄露。

(6)鉴定意见形成后,鉴定委员会委员在鉴定意见原稿和《鉴定证书》中"鉴定委员会委员签字表"栏签字。不同意鉴定意见的委员有权拒绝签字。经专家签字的鉴定意见原件由组织鉴定单位存档,复印件交成果完成单位填写《鉴定证书》用。评议未通过的,鉴定委员会应正式写出未通过的理由,经组织鉴定单位审核并通知成果完成单位,报主管部门。组织或主持鉴定单位发现鉴定意见有不符合《鉴定办法》和本规程有关规定的,应及时向鉴定委员会指出,责成鉴定委员会改正。

(7)鉴定意见形成后,组织或主持鉴定单位的领导主持会议,鉴定委员会负责人宣布鉴定意见,有关领导讲话,鉴定会结束。

(三)函审鉴定

组织鉴定单位选聘专家组成函审组,指定正、副组长,将同意鉴定的批复件、《科技成果函审表》和技术资料及《鉴定证书》初稿送函审专家审阅,函审专家按会议鉴定评议内容进行审查,1个月内将已填写审查意见的《函审表》、技术资料、《鉴定证书》初稿寄回组织鉴定单位。

组织鉴定单位将各函审专家已填写审查意见的《函审表》寄函审组正、副组长,后者根据专家的函审意见,写出综合鉴定意见,签字后寄组织鉴定单位。

七、颁发《科技成果鉴定证书》

经鉴定通过的科研成果,由组织鉴定单位颁发《科技成果鉴定证书》。《科技成果鉴定证书》由组织鉴定单位统一编号,并填写"鉴定批准日期"。成果完成单位按科技部制定的格式印制《科技成果鉴定证书》(最多不超过50份),送主持鉴定单位审核并加盖主持鉴定单位印章,再送组织鉴定单位审核加盖组织鉴定单位"科技成果鉴定专用章"。

八、存档

科技成果鉴定会全部程序完成后,组织鉴定单位按照档案管理的要求,及时将科技成果鉴定的函审鉴定意见原件和《函审表》,检测报告和评价意见(原件)等有关文件、资料整理归档,鉴定会的所有原始文件和资料由组织鉴定单位存档。

第三节 科研成果奖申报的途径与程序

科研成果奖申报时要了解申报的途径、程序,提高获奖的可能性。

一、科研成果奖申报时间

根据有关部门文件要求的时间,并留有适当余地,个人则应按本单位要求的时间完成并上报。否则就要顺延到下年度。因此,应注意设奖单位的有关文件。

二、科研成果奖申报的途径

科研成果奖申报遵循"逐级上报"的原则,申报途径如下:个人申请→单位申报→市科技局

(市级奖)→省科技厅(厅级奖)→国家科技部(国家级奖)。有些厅局也设有各类奖项。

三、科研成果奖申报的程序

(1)个人申请。准备科研成果奖申报的材料有：
①《科学技术奖励推荐书》。
②科学评价证明(技术鉴定证书或定型证书)。
③查新报告。
④技术研究报告(含发表的主要论著、保密技术内容等)。技术发明奖和科技进步奖还要有研制工作总结。
⑤成果推广应用证明(技术发明奖和科技进步奖)。
⑥由财务部门核准的经济效益证明(技术发明奖和科技进步奖)。
根据不同情况还要分别附上其他证明材料：
①两个以上单位完成的科研成果。附联合申报证明和主要完成人顺序书面材料。
②缓评项目。附缓评原因及重新申报理由。
③实物性成果。附录相片和解说词。
④计算机软件成果。附软盘及说明书。
⑤授予专利的成果。附专利证书复印件。
⑥以管理干部身份完成的成果。附上级主管部门出具的组织证明。
(2)单位主管部门审核登记。
(3)向评奖单位申请科研成果奖评审(报奖)。申请单位向所在地市科技局申报科技奖。

四、申报科研成果奖项目应具备的条件

(1)符合国家所规定的奖励范围。
(2)申报材料齐全。
(3)通过科研成果鉴定，或定型应用一年以上并取得效益。
(4)已办理成果登记手续。
(5)附有国家认定的情报检索机构出具的项目查新报告。
(6)由两个以上单位完成的科研成果。要附有协作单位出具的申报证明，并有确定主要完成人顺序的书面材料。
(7)科研成果无争议。
(8)科技文件已办理归档手续。
(9)缓评项目重新申报时，须写明缓评原因及重新申报理由，按原渠道申报。

五、科研成果奖申报的技巧

(一)重视成果奖申报，及时做好准备

从领导、科技管理人员到科技人员都要在思想上重视、及时做好科研成果奖的申报工作。在明确科研成果奖申报时间要求后，管理人员和科技人员都要及时地做好科研成果奖

申报的准备工作,管理人员要做到如下"四个早":宣传要早、项目了解要早、组织鉴定要早、布置申报要早。科技人员也要做到如下"四个及时":论文发表一年以上要及时组织申请成果鉴定;情报检索、成果鉴定要及时;申请成果登记要及时;申报填表、准备材料要及时。

(二)随时收集材料,保证报奖质量

申报成果奖前应当随时收集能够说明该成果科技水平、复杂程度和高新程度以及该成果推广应用情况的证明材料,随时收集已取得的社会效益和经济效益等情况。报奖材料应注意全面具体,能充分反映出该成果的创新性、先进性、科学性和实用性。

(三)选好申报时机,逐级申报成果

成果申报要选择最佳时机。理论性成果在论文发表一年后申报;应用性成果,特别是产品性成果,应在投产应用后取得有关单位、部门采纳证明后申报。根据成果性质选择奖项和层次,纯理论成果申报自然科学奖,应用性成果申报科技进步奖,发明项目申报发明奖。先报市级奖,评奖后由市推荐报省级奖,最后推荐申报国家级奖。

(四)项目名称填写,要求准确简明

项目名称要体现成果主题,要求准确、简明。中文不超过30个汉字(含符号),英文名称不超过200个字符;不要使用研究课题或论文的题目;忌宽松、过大、无特征。

(五)项目简介填写,尽量符合"四性"

要实事求是、简明扼要地介绍自己成果的水平和价值,要写出成果实质性特点及其价值意义,主要反映在"四性"(科学性、创新性、先进性和实用性)上。不要写成工作总结,不要过高地吹捧或过低评估自己的成果,不要泄露项目的核心技术。

奖励推荐书详细内容简介填写要说清任务来源(自选课题免写)、立项背景(为什么开展此项研究)、采用什么办法和技术开展研究、取得什么结果(中心部分,要详细描述),突出成果的创新点及水平,说明成果的推广应用情况、成果的社会效益或经济效益、今后努力方向等。

(六)技术内容填写,分别直接叙述

这是申请书的核心部分,是考核、评价该项目是否符合授奖条件的主要依据。根据科学技术项目的特点,按所推荐奖项,从总体思路、技术方案(创新成果)和实施效果三方面叙述。基础研究的成果重点从科学理论的创见、研究方法的创新及综合分析上的创造性等方面进行阐述;应用研究的成果主要从技术创新、基本原理、实施步骤、成果创造以及转化推广等方面进行阐述。凡涉及该科学技术实质内容的说明、论证及实验结果等,均应直接叙述,一般不应采取"见××附件"的表达形式。

(七)创新点的书写,要完整体现创新

创新点是审查项目能否评上科研成果奖的关键依据。创新点书写要真实、准确、完整,如"在国际上首次报道……"、"在国内率先建立……"、"在国内首先进行……",不要使用抽象的虚词和形容词,如"取得显著效果"、"达到国际先进水平"、"填补国内空白"等。书写时先主后次,不需要按时间顺序填写。自然科学奖发现点要阐明自然现象规律的新认识、科学理论的新创见、基础科学积累的新发现及研究方法手段上的新创造等。技术发明奖发明点应以发明专利和查新报告为依据,阐明前人所没有的具有创造性的关键技术。科学技术进步奖创新点要阐明在研究、开发、推广以及产业化中作出的创造性贡献和解决的关键技术。

六、科研成果奖申报的注意事项

(1)时间观念要强。延误当年申报成果奖时间则要推移到下年度。

(2)申报书要整洁,按要求打印、装订。

(3)申报材料要齐全。包括成果奖推荐书、论文资料、反馈材料、证明材料等。

(4)要有推荐意见和并加盖单位公章。

(5)申报成果奖项类要正确。

(6)论文在国外杂志发表应是第一完成人;全部申报论文要在不同的杂志上发表。

(7)鉴定证书的评审组长、副组长、评审委员要签名(完成人员不能作该项目的评审委员)。

综上所述,申报科研成果奖之前首先进行成果鉴定和成果登记。完成一项科研成果,其本身就有独创之处,因而成果技术的保密就显得很重要。在进行成果鉴定和报奖时,要特别注意做好成果技术的保密工作。技术保密的最有效的方法就是申请专利保护,有了知识产权保护就可以更好地维护技术或产品创造者的合法权益,所以在进行成果鉴定之前,甚至在发表论文之前,如有技术保密的内容和产权保护的必要,务必先申请专利。

单元三
科技文献信息的查询

 知识目标
1. 简单叙述文献检索的意义；
2. 正确描述搜索引擎类别和特点；
3. 正确描述汽车维修资料的类型和特点；
4. 简单叙述著作权的基本内容。

 技能目标
1. 会快速查询汽车维修数据库；
2. 会分析相关著作权典型案例；
3. 熟练进行因特网的资源下载；
4. 熟练进行科技文献资料和信息数据库的检索；
5. 熟练进行电子图书的查阅。

课题一 科技文献资料的检索

信息、物质、能源已成为现代社会赖以生存和发展的三大支柱。现今社会被称为信息时代。信息是生物以及具有自动控制功能的系统,通过感觉器官和相应的设备与外界进行交换的一切内容。人们在认识和改造世界过程中,对信息认知的那部分内容就是知识。有明显指向性、传递性、特效性的信息称情报。文献则是用文字、图形、符号、声频、视频等技术手段记录人类知识的载体。知识是信息中的一部分,情报也是知识的一部分,文献是知识的载体。

文献的出版形式常见有图书、报纸、期刊、特种文献(如科技报告、会议文献、学位论文、专利文献、技术标准、产品资料、档案文献)。

图书馆是收集、整理和保存文献资料并向读者提供利用的科学、文化、教育机构。图书馆的书库一般由基本书库、辅助书库、特藏书库等组成。

文献资料检索,是指将文献信息按一定的方式组织和储存起来,并能根据用户的需要取出所需特定信息的整个过程。它的全名为信息存储与检索。通常所说的信息查询或检索只是名称的后一半,或是"狭义"的信息检索,也就是指以科学的方法,利用专门的工作系统,从大量积累的文献资料中选取所需要的特定的专门文献的过程。

按照检索标示来分,文献检索分为:数据检索——以文献中的数据为对象,如公式、化学分子式等;事实检索——以文献中的事实为对象,检索某一事物发生的时间、地点或过程;文献检索——以文献为对象,查找某个课题的有关文献的一种检索。当检索标识与文献的存储标识匹配时,就得到了"命中文献"。

按检索手段划分,可分为手工检索方式和机器检索方式。手工检索是由检索者通过卡片式或书本式的目录、题录、文摘、索引等检索工具查找文献线索的过程。机器检索是指实质上由计算机将输入的检索策略与系统中存储的文献特征标识及其逻辑组配关系进行类比、匹配的过程。

一、文献检索语言

1. 分类语言

文献检索语言是一种人工语言,用于各种检索工具的编制和使用、并为检索系统提供一种统一的、作为基准的、用于信息交流的一种符号化或语词化的专用语言。因其使用的场合不同,检索语言也有不同的叫法。例如在存储文献的过程中用来标引文献,叫标引语言;用来索引文献则叫索引语言;在检索文献过程中则为检索语言。

分类语言是将表达文献信息内容和检索课题的大量概念,按其所属的学科性质进行分类和排列,成为基本反映通常科学知识分类体系的逻辑系统,并用号码(分类号)来表示概念及其在系统中的位置,甚至还表示概念与概念之间关系的检索语言。《中国图书馆图书分类法》是我国图书分类法的基础,"中国图书馆图书分类法"把一切知识门类按"五分法"分为马列主义、毛泽东思想,哲学,社会科学,自然科学,综合性图书五大部类。在此基础上建成由22个基本大类组成的体系系列。

2. 主题语言

主题语言是指经过控制的、表达文献信息内容的语词。主题词需规范,主题词表是主题词语言的体现,词表中的词作为文献内容的标识和查找文献的依据

3. 关键词语言

关键词语言指从文献内容中抽出来的关键的词,这些词作为文献内容的标识和查找目录索引的依据,关键词不需要规范化,也不需要关键词表作为标引和查找图书资料的工具。

4. 自然语言

自然语言指文献中出现的任意一个词语。

二、文献检索方法

检索文献需要采用什么方法,根据课题性质和研究目的而定,也要根据可否获得检索工具而定,归纳起来,检索文献一般有以下几种。

1. 浏览法

通过检索工具搜索文献是科技人员获得文献的主要途径,只要方法得当,往往可以事半功倍,在短时间里获得大量切合课题需要的文献。但是,由于任何一种检索工具都只能收录有限的期刊和图书,而且检索工具与原始文献之间往往有半年左右的时间差。为了弥补这

些缺陷,科技人员还必须借助其他方法来收集文献。其中,浏览法就是科技人员平时获取信息的重要方法。具体地说就是科技人员对本专业或本学科的核心期刊每到一期便浏览阅读的方法。该方法的优点是:能最快地获取信息;能直接阅读原文内容;基本上能获取本学科发展的动态和水平。缺点是:科技人员必须事先知道本学科的核心期刊;检索的范畴不够宽,因而漏检率较大。因此,在开题或鉴定时还必须进行系统地检索。

2. 直接法

直接法又称常用法,是指直接利用检索系统(工具)检索文献信息的方法。即是以主题、分类、著作等途径,通过检索工具获取所需文献的一种方法,这种方法又可分为顺查法、倒查法、抽查法和引文法四种。

1) 顺查法

顺查法即由远及近的查找法。如果已知某创造发明或研究成果最初产生的年代,现在需要了解它的全面发展情况,即可从最初年代开始,按时间的先后顺序,一年一年地往近期查找。用这种方法所查得的文献较为系统全面,基本上可反映某学科专业或某课题发展的全貌,能达到一定查全率。在较长的检索过程中,可不断完善检索策略,得到较高的查准率。此法的缺点是费时费力,工作量较大。一般在申请专利的查新调查和新开课题时采用这种方法。

2) 倒查法

倒查法即由近及远,由新到旧的查找法。此法多用于查找新课题或有新内容的老课题,在基本上获得所需信息时即可终止检索。此法有时可保证情报的新颖性,但易于漏检而影响查全率。

3) 抽查法

抽查法是利用学科发展一般是波浪式的特点查找文献的一种方法。当学科处于兴旺发展时期,科技成果和发表的文献一般也很多。因此,只要针对发展高潮进行抽查,就能查获较多的文献资料。这种方法针对性强,节省时间。但必须是在熟悉学科发展阶段的基础上才能使用,有一定的局限性。

4) 分段法

分段法又称循环法或综合法,是交替使用"追溯法"和"常规法"来进行检索的综合方法。即首先利用检索工具查出一批文献资料,再利用这些文献资料所附的参考文献追溯查找相关文献。如此交替、循环使用常规法和追溯法,不断扩展,直到满足检索要求为止。分段法的优点在于:当检索工具缺期、缺卷时,也能连续获得所需年限以内的文献资料。

3. 追溯法

追溯法又称回溯法。这是一种传统的查找文献的方法。就是当查到一篇参考价值较大的新文献后,而利用文献后面所列的参考文献,逐一追查原文(被引用文献),然后再从这些原文后所列的参考文献目录逐一扩大文献信息范围,一环扣一环地追查下去的方法。它可以像滚雪球一样,依据文献间的引用关系,获得更好的检索结果。

这是一种扩大信息来源最简单的方法,在没有检索工具或检索工具不完整时可借助此获得相关文献。由于参考文献的局限性和相关文献的不同,会产生漏检。同时,由近及远的回溯法无法获得最新信息,而利用引文索引进行追溯查找则可弥补这一缺点。

4. 循环法

循环法又称分段法或综合法。它是分期分交替使用直接法和追溯法,以期取长补短,相互配合,获得更好的检索结果。

各种检索方法在使用上各具特色,可根据检索的需要和所具备的条件灵活选用,以便达到较好的检索效果。

三、文献检索步骤

文献检索是一项实践性很强的活动,它要求人们善于思考,并通过经常性的实践,逐步掌握文献检索的规律,从而迅速、准确地获得所需文献。一般来说,文献检索可分为以下步骤。

1. 课题分析

课题分析是文献检索过程中最重要的环节,课题的内容是什么,主要解决什么问题,一定要通过认真的分析课题,才能将它们揭示出来。能否正确地分析课题,将直接影响到检索的质量与效果。课题分析要从以下几个方面进行。

1)分析主题内容

所谓主题的内容,就是课题研究的中心问题。如果一个课题研究的中心问题有一个或两个,那么,就有一个或两个主题。有多个研究的中心问题,就有多个主题。

根据课题的内容,深入分析主题内容的目的,是要明确课题检索的要求,找出课题需要解决的关键,从而形成反映课题中心问题的主题概念,即拟出关键词。

当课题比较生疏时,应当首先利用百科全书、图书等弄清楚概念,了解课题的有关专业知识,弄清楚课题的内容和要解决的问题以及解决该问题的初步设想等,进而确定检索的主题范围。

2)分析问题类型

分析问题类型的目的在于确定检索工具,仅有检索的学科和主题范围还不够,还要进一步确定文献类型的范围。因为科技文献类型繁多,而检索工具对文献的收集有所侧重,如果不根据文献类型选定检索工具,就会使检索工具达不到最佳效果。

分析文献类型,一般从课题的性质来考虑。自然科学领域的研究通常分为基础研究、应用研究和开发研究三种。前者寻求对自然界的认识,所要文献类型侧重科学专著、学术期刊、学术会议论文及原始性的科学考察、实验和述评等;后两者研究属于解决应用工程技术问题,所要文献侧重于科技图书、技术性期刊、报告、论文、专利、手册、标准、样品和产品目录等。

3)分析查找年代

分析查找年代的目的在于确定检索的时间范围。科技文献浩若烟海,即使检索工具也是卷帙浩繁,若查找年代不当会浪费大量的时间和精力,而且还会影响查找信心。分析查找年代,就是分析学科发展的历史背景,如学科发展有初期、高峰期和稳定期。高峰期的文献较多。而早期原始文献中的精华都已综合在后来的图书、专著和述评等文献中了,只要直接查阅图书和近几年的文献检索工具就行了。这样可以节省时间和精力。

2. 选择文献检索工具

文献检索工具指印刷型检索工具,主要有以下类型。

1) 目录、索引、文摘

目录,又称书目。它是著录一批相关图书或其他类型的出版物,并按一定次序编排而成的一种检索工具。

索引,是记录一批或一种图书、报刊等所载的文章篇名、著者、主题、人名、地名、名词术语等,并标明出处,按一定排检方法组织起来的一种检索工具。索引不同于目录,它是对出版物(书、报、刊等)内的文献单元、知识单元、内容事项等的揭示,并注明出处,方便进行细致和深入的检索。

文摘,是以提供文献内容梗概为目的,不加评论和补充解释,简明、确切在记述文献重要内容的短文。汇集大量文献的文摘,并配上相应的文献题录,按一定的方法编排而成的检索工具,称为文摘型检索工具,简称文摘。

2) 百科全书

参考工具书之王。它是概述人类一切门类或某一门类知识的完备工具书,是知识的总汇。它是对人类已有知识进行汇集、浓缩并使其条理化的产物。百科全书一般按条目(词条)字顺编排,另附有相应的索引,可供迅速查检。

3. 确定检索途径

确定检索途径,应根据已知条件,选取最易查获所需文献的途径,例如:若已知文献的著者、号码、分子式和地名等,可利用相应索引查获所需文献,同时,还可通过上述途径间接核准确切的分类号或主题词。要根据检索工具的具体情况选择检索途径。检索工具一般都有多种检索途径,若课题的检索泛指性较高,即所需文献范围较广,则选用分类途径较好;反之,课题检索的专指性较强,即所需文献比较专深,则选主题途径为宜。

4. 选择检索方法

选择检索方法的目的在于寻求一种花时少、检索效果好的有效方法。检索方法多种多样,究竟采用哪种方法最合适,主要应根据检索条件,检索要求和学科特点而定。

(1)检索工具的条件。在没有检索工具可利用的情况下,可采用追溯法。在检索工具比较齐全的情况下,可采用常规法和分段法,因为这两种方法的查全性、查准性都较高。

(2)检索课题的要求。通常要求检索快、准确,但三者又难以兼得。若以全、准为主,应采用顺查法。顺查法适应科研主题复杂,研究范围较大,研究时间较长的科学研究。新兴的课题研究以快、准为主,宜用倒查法。

(3)学科发展特点。选择检索方法还须考虑课题的学科发展特点:

①检索课题属于年轻新兴学科,起始年代不太长,一般采用顺查法(也可采用倒查法)。

②课题检索属于较老课题,起始年代较早或无从考查,则可采用倒查法。

③有的学科在一定的年代里处于兴旺发展时期,文献发表得特别多,则在该时期内采用抽查法检索效果好。

课题二 搜索引擎的运用

全球目前的网页数量巨大,有效数据也十分庞大,并且仍在快速增长。用户要在如此浩瀚的信息海洋里寻找信息,必然会"大海捞针"无功而返。

一、网上搜索信息的常用方案

1. 方案一　使用普通搜索引擎

在互联网上有大量的搜索引擎,国内读者常用有百度、360、必应、搜狗搜索引擎。这些搜索引擎不仅支持中文,还具有较高的搜索效率——搜索速度快、分类清晰、查询方便。

1)百度(http://www.baidu.com)

百度,全球最大的中文搜索引擎、最大的中文网站。2000年1月创立于北京中关村。从创立之初,百度便将"让人们最便捷地获取信息,找到所求"作为自己的使命,成立以来,公司秉承"以用户为导向"的理念,不断坚持技术创新,致力于为用户提供"简单,可依赖"的互联网搜索产品及服务,其中包括:以网络搜索为主的功能性搜索,以贴吧为主的社区搜索,针对各区域、行业所需的垂直搜索,Mp3搜索,以及门户频道、IM等,全面覆盖了中文网络世界所有的搜索需求,根据第三方权威数据,百度在中国的搜索份额超过80%。

2)360搜索(http://www.so.com/)

360搜索,原好搜搜索。2016年2月1日,好搜搜索更名为360搜索。360搜索属于全文搜索引擎,是目前广泛应用的主流搜索引擎。360搜索包括新闻、网页、问答、视频、图片、音乐、地图、百科、良医、购物、软件、手机等应用。

3)必应(http://cn.bing.com/)

必应是一款由微软公司推出的网络搜索引擎,前身为Live Search。为符合中国用户使用习惯,Bing中文品牌名为"必应"。在Windows Phone系统中,微软也深度整合了必应搜索,通过触摸搜索键引出,相比其他搜索引擎,界面也更加美观,整合信息也更加全面。微软方面声称,此款搜索引擎将以全新姿态面世,将来带来新革命。必应的搜索成功率已比开始时大幅提升,甚至与Google不相伯仲。

并没有一个搜索引擎能找遍互联网上的所有信息,每个搜索引擎的性能都有所不同。所以,在找不着所需的信息的时候,不妨再用别的搜索引擎或用多个搜索引擎进行搜索。但这种方法每次只能使用一个搜索引擎,搜索结果容易重复。

4)搜狗(http://www.sogou.com/)

搜狗是搜狐公司于2004年8月3日推出的全球首个第三代互动式中文搜索引擎。搜狗是全球首个第三代互动式搜索引擎。其网页收录量已达到100亿页,并且,每天以5亿页的速度更新。凭借独有的SogouRank技术及人工智能算法,搜狗为您提供最快、最准、最全的搜索服务。

2. 方案二　使用学术搜索引擎

常见学术搜索引擎有百度学术搜索、搜狗学术搜索、必应学术搜索及360学术搜索。

1)百度学术搜索(http://xueshu.baidu.com/)

百度学术搜索,是一个提供海量中英文文献检索的学术资源搜索平台,涵盖了各类学术期刊、学位、会议论文,旨在为国内外学者提供最好的科研体验。百度学术搜索可检索到收费和免费的学术论文,并通过时间筛选、标题、关键字、摘要、作者、出版物、文献类型、被引用次数等细化指标提高检索的精准性。百度学术搜索频道还是一个无广告的频道,页面简洁大方保持了百度搜索一贯的简单风格。

2) 360学术搜索（http://xueshu.so.com/）

360学术搜索，汇聚海量中英文学术期刊、论文，为用户提供更方便的学术搜索服务。

3) 必应学术搜索（http://cn.bing.com/academic? FORM = HDRSC4）

必应学术搜索为用户提供优质的海外文献检索服务，从此省去大海捞针的烦恼，好奇某个学术领域？研究范围、期刊会议、重要学者！

4) 搜狗学术搜索（http://scholar.sogou.com/）

搜狗学术搜索频道，提供权威学术内容，满足国内各领域专业研究用户的学术搜索需求。在引入微软必应学术知识图谱技术后，搜狗学术构建以论文为核心的知识图谱卡片，包含学术文献、学术人物、学术期刊和学术会议等不同类型的内容，并支持时间、作者、领域、期刊及会议多维度的筛选，以及引用下载等实用功能，帮助用户可以便捷地查询到全球英文学术资料。

3. 方案三　使用组合搜索引擎网站

针对单个搜索引擎的弱点，现在已经出现了许多专业的组合搜索网站。这些搜索网站的最大特点就是可以同时启用互联网上的多个搜索引擎进行搜索，能得到更多、更详细的信息。常见的有搜网（www.sowang.com）、即搜网（https://deepso.io）、在线搜网（http://www.zxsou.com）、搜索引擎大全网（http://www.quanso.com.cn）。它们都组合有百度、搜狗、360、必应等搜索引擎。

二、搜索引擎的搜索技巧

每个搜索引擎都有自己的查询方法，只有熟练地掌握它，才能运用自如。不同的搜索引擎提供的查询方法不完全相同，要想具体了解，可以到各个网站中去查询，但有一些通用的查询方法，各个搜索引擎基本上都具有，下面加以介绍。

1. 简单查询

在搜索引擎中输入关键词，然后点击"搜索"就行了，系统很快会返回查询结果，这是最简单的查询方法，使用方便，但是查询的结果却不准确，可能包含着许多无用的信息。有时输入的关键词有近义词或简化词时可进行多次查询。如：电控发动机的怠速辅助空气调节装置，可用"辅助怠速空气阀"、"辅助空气阀"、"怠速空气阀"、"怠速马达"、"怠速电动机"、"怠速步进电动机"等关键词进行搜索。

2. 使用双引号（""）

给要查询的关键词加上双引号（半角，以下要加的其他符号同此），可以实现精确的查询，这种方法要求查询结果要精确匹配，不包括演变形式。例如在搜索引擎的文字框中输入"电传"，它就会返回网页中有"电传"这个关键字的网址，而不会返回诸如"电话传真"之类网页。

3. 使用加号（+）

在关键词的前面使用加号，也就等于告诉搜索引擎该单词必须出现在搜索结果中的网页上，例如，在搜索引擎中输入"+电脑+电话+传真"就表示要查找的内容必须要同时包含"电脑、电话、传真"这三个关键词。

4. 使用减号（-）

在关键词的前面使用减号，也就意味着在查询结果中不能出现该关键词，例如，在搜索引擎中输入"大众汽车-桑塔纳",它就表示最后的查询结果中一定不包含"桑塔纳"。

5. 使用通配符(＊和?)

通配符包括星号(＊)和问号(?),前者表示匹配的数量不受限制,后者匹配的字符数要受到限制,主要用在英文搜索引擎中。例如输入"computer＊",就可以找到"computer、computers、computerised、computerized"等单词,而输入"comp？ter",则只能找到"computer、compater、competer"等单词。

6. 使用布尔检索

所谓布尔检索,是指通过标准的布尔逻辑关系来表达关键词与关键词之间逻辑关系的一种查询方法,这种查询方法允许输入多个关键词,各个关键词之间的关系可以用逻辑关系词来表示。

and,称为逻辑"与",用 and 进行连接,表示它所连接的两个词必须同时出现在查询结果中,例如,输入"computerandbook",它要求查询结果中必须同时包含 computer 和 book。

or,称为逻辑"或",它表示所连接的两个关键词中任意一个出现在查询结果中就可以,例如,输入"computerorbook",就要求查询结果中可以只有 computer,或只有 book,或同时包含 computer 和 book。

not,称为逻辑"非",它表示所连接的两个关键词中应从第一个关键词概念中排除第二个关键词,例如输入"automobilenotcar",就要求查询的结果中包含 automobile(汽车),但同时不能包含 car(小汽车)。

near,它表示两个关键词之间的词距不能超过 n 个单词。

在实际的使用过程中,可以将各种逻辑关系综合运用,灵活搭配,以便进行更加复杂的查询。

7. 使用圆括号"( )"

当两个关键词用另外一种操作符连在一起,而又想把它们列为一组时,就可以对这两个词加上圆括号。

8. 使用书名号"《》"进行精确查找

使用检索式"《手机》",可以精确查找到《手机》这部电影的相关信息,而不是手机信息;而使用《围城》进行检索得到的结果则多为钱钟书的长篇小说以及据此改变的电视剧方面的信息。

9. 使用元词检索

大多数搜索引擎都支持"元词"(metawords)功能,依据这类功能用户把元词放在关键词的前面,这样就可以告诉搜索引擎你想要检索的内容具有哪些明确的特征。例如,你在搜索引擎中输入"title:清华大学",就可以查到网页标题中带有清华大学的网页。在键入的关键词后加上"domain:org",就可以查到所有以 org 为后缀的网站。

其他元词还包括:image:用于检索图片;link:用于检索链接到某个选定网站的页面;URL:用于检索地址中带有某个关键词的网页。

10. 使用图片搜索

专业技术文献,特别是新的专业技术文献为了说明技术内容,往往有插图,利用搜索引擎中的图片搜索功能可以方便地查到插有相应图片的网页。

课题三　论文数据库与电子图书的选用

一、中文期刊数据库的利用

目前,我国利用率最高、影响范围最广的中文期刊全文数据库有三个,即《中国期刊全文数据库》(简称清华库)、《中文科技期刊数据库》(简称重庆库)和《万方数据——数字化期刊》(简称万方期刊)。清华库和重庆库在收录期刊种类、全文文献的数量上较全,数据的完整率很高;清华库收录的学科较综合性,重庆库和万方期刊则对社会科学方面的期刊收录较少。

1.《中国期刊全文数据库》

《中国期刊全文数据库》(也称中国知网-清华库)主页如图3-1所示。它收录1994年以来国内公开出版的6100种核心期刊和专业特色期刊的全文。它的突出特点是采用了高性能、高可靠性的全文检索系统。该系统可在核心期刊、SCI来源刊及EI来源刊三种范围内进行检索,具有引文链接、被引链接、给编辑部发E-mail及中英文混合检索等功能。它采用清华同方自己开发的专用全文浏览器CAJViewer,支持在线浏览和下载阅读两种方式。全文浏览器CAJViewer可在中国知网下载后安装到个人电脑。对非扫描页,它可利用"查找"功能进行"全文"检索,是真正实现"全文"检索的系统。可以通过"栏选"进行文本摘录,将选中区域直接复制到其他文本编辑器中进行文字编辑。

图3-1　《中国期刊全文数据库》主页

2.《万方数据——数字化期刊》

《万方数据——数字化期刊》(也称万方期刊)主页如图3-2所示。万方期刊收录1998年至今的近5000种数字化期刊。其中自然科学占75%以上。其最大特色是整个系统以期刊为单位上网,在网上可以方便地看到各种期刊的风貌和目次页,适合于习惯以刊为单位进行查询的读者。该系统对期刊分类详尽,便于按类检索。由于它是上网发布的全文期刊,因此信息发布与各种印刷本期刊的出版周期几近同步,时效性强。链接到某一期刊主页后,可按期查找原文,还可了解到该刊的编辑方针、主办单位、联系方式等信息。其全文采用国际通用的 PDF 和 HTML 格式。采用的浏览器为 Adobe 的 Acrobat Reader。要对其 PDF 格式的全文进行文字识别,需安装万方数据文字识别插件。万方期刊的部分全文采用 HTML 格式,只需有 Web 浏览器(如 IE 等)就可在线阅读。

图 3-2 《万方数据——数字化期刊》主页

3.《中文科技期刊数据库》

《中文科技期刊数据库》(也称维普资讯-重庆库)主页如图 3-3 所示。它收录 1989 年至今的 8000 余种中文期刊数据资源。检索时可选择全部期刊、重要期刊和核心期刊三种范围进行检索。用户可使用同义词库和同名作者库进行检索。调用同义词库可根据提示选择同义词,使得同一主题的文献相对集中,扩大检索范围。例如以关键词"马铃薯"入手检索时,系统会自动调出其同义词"洋芋"、"土豆"等供选择。调用同名作者库可将检索结果的范围缩小到具体单位的具体作者,使同名不同作者的文献区分开来,让用户的检索更加准确。该库还设置了"题录下载"的输出选项,能一次下载含多条记录的题录文摘信息。该库采用特有的全文浏览器 VipBrowser,其 OCR 版浏览器具有直接把图像文件转换成文本格式(文字识别)的功能以及全文另存为 PDF 格式功能。全文浏览器 VipBrowser 可在维普资讯网下载后安装到个人电脑。

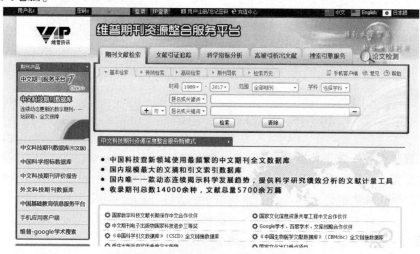

图 3-3 《中文科技期刊数据库》主页

将三大中文数据库进行对比分析可以看出,每个数据库各有千秋和特色,检索时只有配合使用,才能达到最佳的检索效果。

检索实例:《中国期刊全文数据库》CNKI 初级检索步骤(图3-4)

(1)登录中国期刊全文数据库检索系统:登录后,系统默认的检索方式即为初级检索方式。

(2)选取检索范围:导航的层次为:专辑—专题—一级子栏目—二级子栏目—三级子栏目。可以在某一层次选中所有子栏目,也可以选取其中一部分。方法:单击一个栏目查看下一级子栏目,依次下去,直到可以选择合适的检索范围。在要选择的范围前选择"√",点击"检索"。例:点击理工 A 辑专栏目录,出现数学、力学等选项,点击数学,出现相关的下一级目录,点击数学概论,出现数学史与数学范畴,数学理论、计算工具三个最底层目录。双击后自动进行检索,或选择前面的"√",点击检索进行查询。点击"全选",则选中该层次的所有项目。点击"清除",仅仅清空所选的专题。

(3)选取检索项:在检索项的下拉框里选取要进行检索的字段,有篇名、作者、关键词、机构、中文摘要、引文、基金、全文、中文刊名、ISSN、年、期、主题词 13 项。

(4)输入检索词:在文本框里输入检索词。检索词为文章检索项中出现的重要词,当按相关度排列时,其出现的词频越高,数据越靠前排列。

(5)进行检索:点击[检索]按钮进行检索或点击[清除]按钮 图3-4 CNKI 初级检索
清除输入,在页面的右侧上部列出检索结果,点击其中一项,可以在下面的细览区列出详细的信息,如篇名、作者、刊名、机构、关键词等。

二、数字图书馆的利用

常用网上数字图书馆有超星数字图书馆、书生之家数字图书馆、方正数字图书馆和中国数字图书馆等(图3-5)。它们的检索特色见表3-1。

图3-5 常见数字图书馆

1. 超星数字图书馆

由清华大学图书馆与超星公司合作,从2000年初建构了超星电子图书系统。它包含文学、历史、法律、军事、经济、科学、医药、工程、建筑、交通、计算机和环保等几十个分馆。是国家"863"计划中国数字图书馆示范工程项目。

2. 书生之家数字图书馆

书生之家是由北京书生科技有限公司开发的综合性数字图书馆于2000年5月正式开通。它收录的图书信息完整、书内四级目录导航,以及先进的搜索引擎实现海量数据的准确锁定。

3. 方正数字图书馆

由北京大学方正电子有限公司开发,利用独有的激光排版技术,同出版社合作,得到著作人和出版社的直接授权,制作电子版图书。网站于2000年正式开通。

4. 中国数字图书馆(高教版)

2001年6月30日由国家图书馆组建的"中国数字图书馆有限责任公司"正式挂牌运营,并开通了"中国数字图书馆网站"。

这四大图书馆中,超星数字图书馆,采用扫描图像方式对信息进行数字化,是国内最大的在线图书馆。四大电子图书馆检索特色比较见表3-1。

四大电子图书馆检索特色比较　　　　　　　　表3-1

项目	超星数字图书馆	书生之家数字图书馆	方正Apabi数字图书馆	中国数字图书馆
检索方式	(1)分类检索; (2)模糊检索; (3)复合检索	(1)专项检索; (2)组合检索	(1)中图法检索; (2)二次检索	(1)分类检索; (2)高级检索
简单检索途径	书名、出版社、出版日期	图书名称、出版机构、作者、丛书名称、ISBN、提要	书号、书名、出版者、出版社、关键词、全面检索	书名、作者、分类号、出版社
全文检索	有	有	有	无

简单检索入口字段稍有不同。书生、方正的入口字段最多。

高级检索各有限定。超星、方正都有关于出版日期方面的限定,检索资料更精确。

实现全文检索的界面位置不同。超星数字图书馆、方正数字图书馆是在已经打开的文章中进行全文检索。书生之家数字图书馆既可以从打开的文章中进行也可以从首页的检索界面上直接检索。

三、特色

1. 超星数字图书馆特色

学科类别范围非常广,采用扫描图像方式对信息进行数字化,每天以10多万页的速度递增,是国内最大的在线图书馆。

检索功能强,有书名检索、作者检索、关键词检索、分类检索、二次检索等。

"超星阅览器"是国内目前技术最为成熟、创新点最多的专业阅览器,具有电子图书阅读、资源整理、网页采集、电子图书制作等一系列功能。它采用自动滚屏显示和多线程浏览技术。即同一本书可以打开两个以上窗口,浏览不同页面。例如参考书一类,就可以非常方便地直接翻看试题页与参考答案页,提高阅读效率。超星阅览器可在超星读书网下载后安装到个人计算机中。

在阅读书籍时可以享受互联网上的各种资源。

2. 书生之家数字图书馆特色

藏书较新,新书增长快,每年以7万种授权图书、100万篇报刊文献的速度不断增长。局域网的镜像站提供全文浏览,不提供下载,在广域网上可以看到,它集成了图书、期刊、报纸、论文等各种出版物的(在版)书(篇)目信息、内容提要等,使之有机融合。它侧重教材教参与考试类、文学艺术类、经济金融与工商管理类图书。"书生之家"的搜索引擎提供分类检索、单项检索、组合检索、全文检索、二次检索等检索功能,也可按分类或按出版年浏览图书。

可通过图书名称、出版商、作者、提要、丛书名称和ISBN等书目信息检索。40%的图书通过OCR(文字识别)技术实现文本内核,可以进行全文检索。

3. 方正Apabi数字图书馆特色

高质量,高清晰度,矢量文字,放大好几倍依然很清晰。

界面非常简洁明了,菜单项不多,给人耳目一新的感觉,操作起来十分简单方便。阅读书籍时可按左上角图钉,可用来隐藏工具条。核心是文本格式,数据量小,适合网上下载,对存储空间要求低,读者可通过下载后阅读,服务器负载小。

4. 中国数字图书馆特色

在检索书籍方面,点击书名链接,将显示详细书目信息页,上面列有书名、丛编、作者、出版社、中图分类、主题等项。

另一特色是,在该页,读者可看到目录按钮,点击则直接看到全书目录,了解全书主要内容,不必打开书籍后再翻看目录页,有利于读者的取舍和比较,节省了时间。

在检索方面,采用自然语言检索,在书名信息页内列有相关题名、相关出版社、相关分类等,主要作用是为读者提供相关信息的链接,省去了查询时再输入,拓展了搜索思路,可以找到更多的相关文献。

实例:方正Apabi数字图书系统初级检索

方正Apabi数字图书系统主页正上方为默认的初级检索界面,显示可检索的书号、书名、出版社、关键词等检索字段和检索词输入框。其过程为,选择检索字段,在检索输入框中输入检索词,最后点击"查询"按钮完成检索。

初次阅读电子读物前应安装Apabi阅读器。登录到方正Apabi数字图书系统首页左上方"注册中心"栏,直接下载阅读器。下载完毕后,打开安装即可。

课题四　汽车维修资料的选择与使用

汽车技术的发展,推动了汽车维修技术的发展。维修行业对于维修资料的认识也越来越深,汽车维修技术人员已经普遍认识到技术数据的重要作用。全面准确的维修技术资料是现代汽车诊断修理的必备条件,而"查资料"是判断汽车故障、获取维修方法的重要环节。

一、汽车维修资料

维修资料应该是对具体车型及其所有系统准确、完整的技术数据。

所谓的准确性是指：首先是维修对象的准确性，即这部分维修资料能够修什么车，应该精确到"年款"甚至"子车型"，必须先明确所修车型，然后才能够准确地查询资料；其次是数据的准确性，错误的技术数据不仅不能排除故障，而且还可能导致更严重的事故。

所谓的完整性是指：数据应包括对该系统的结构、原理、元件测试、诊断、维修等整套维修环节的详细说明，包括所有的技术参数、图形、表格等必要信息。

二、维修资料的分类

目前，国内市场维修资料的来源多种多样，按照不同的媒体划分，主要包括下列形式：原厂维修手册和技术资料、正规出版的汽车维修书籍、盗版的维修手册、专业杂志和报纸、维修资料数据库光盘、网上（Internet）查询的数据库。

1. 原厂汽车维修手册

所谓"原厂汽车维修手册"，是指汽车制造商向其特约维修站提供的技术资料。该类资料是针对具体车型或总成编辑的资料。由于制造商直接提供维修数据，可以保证资料的准确性。制造厂通过发布增补本或技术公报对技术内容进行更新。

一般来讲，原厂资料只向特约维修站提供，其他修理厂是无法获得并保持同步更新的。所以，综合维修厂很难利用这种资料作为维修的技术依据。另外，作为非专修厂，维修车型非常杂，即使能够获得部分原厂资料，也无法收集完整，故不能满足业务需要。

2. 正规出版书籍

维修资料的最原始载体就是书。这些书籍几乎涵盖了国内市场保有的所有车型，覆盖面较广。一般的书籍往往命名为《××车型维修手册》，由正规出版社出版。根据分析，这类书籍的内容主要来自于以下几种渠道：对原厂维修手册进行改编、英文原版书籍翻译、市场上各种车型的书籍再编辑。

从目前国内汽车维修书籍的内容看，主要以主流车型（车系）的技术资料为主，大部分书籍有一定的系统性。为了增加销售量，此类资料普遍没有对车型进行详细的描述（例如：没有区分年代、款式，只是标明《××汽车维修手册》），现场维修时，技术人员不知道这本书是否能够修理遇到的故障车。由于编者对相关资料进行了再编辑，但没有针对车型进行校对，这些资料的准确性就不能保证。由于图书受版面（页数）限制，维修书籍不能将所有维修数据全部编入，如果要查询诊断信息及技术参数等信息，还要参考更详细的资料。这类维修书籍可作为技术人员自学的良好材料。

3. 非正规维修资料

在非正规发行渠道上，经常可以看到某些车型的翻印维修资料。使用非正规汽车维修技术资料的后果是不可预见的。由于在制作过程中有意无意地产生了大量的错误，可能直接对汽车的诊断维修产生错误导向，甚至可能会造成严重的生产事故，给企业和车主造成巨大的损失。

4. 专业期刊

据统计，大部分维修厂都订阅一种以上的汽车专业报纸或杂志，技术人员从中收集有关的技术文章和相关专题讲座作为技术资料。

报纸和杂志是很好的技术交流媒体,具有更新快、发行渠道广泛、价格低廉等优势,深受技术人员推崇。在这类媒体上,主要刊载的内容是技术动态、维修技巧和技术专题(通用性知识,不针对车型),由于篇幅限制,版面一般都很小,图形也较少。

若较短时间收集或阅读专业报纸杂志,会觉得报纸和杂志不是方便实用的维修资料。因为它对车型和系统来说信息不全面、不准确、不系统。它往往是典型结构或典型诊断维修案例的描述和说明。只有长期收集并阅读专业报纸和杂志所刊载的文章,在积累中不断归纳、比较、总结、提高才能得到维修所需的各种车型、各个系统的完整资料。才能全面了解维修行业的动态。

为了更及时、廉价地服务读者,许多专业期刊都在印刷发行的同时,在因特网上发布相应的电子版期刊(有些是电子杂志,有些是论坛,有些是博客)。汽车维修技术人员可方便地查阅和下载。

5. 汽车维修数据库

随着车型的增多,维修厂已经不可能收集所需的所有车型的维修资料。一方面,车辆技术含量越来越高,维修资料的内容也越来越多,例如:仅雷克萨斯 LS430 单个车型的维修手册就多达 5 册共 2 万多页;另一方面,随着经济的发展,车型也越来越多,最新数据显示:全世界保有的车型共计 5000 多种,而美国米切尔(Mitchell)公司全部书籍的单册(与其数据库等量)就需占用 400 多 m^2 的图书馆,这种条件是任何一个维修企业都不可能达到的。因此,电子化的维修资料将成为汽车维修行业技术发展的必然结果。

维修数据库具有资料容量大、数据齐全准确等优点,是专业的印刷形式维修资料的电子产品。数据库内容包括:车辆每个系统全部的结构、诊断检测和维修数据,而且精确地将资料定位到车辆的年款,基本达到了"原厂手册"的详细程度。由于资料用计算机存储,数据更新十分容易。目前,越来越多的"原厂手册"已经开始向电子化方向发展。

计算机技术的应用彻底改变了维修资料收集、存储和查询的方式。专业的汽车信息提供商将所有车型的整套维修资料以数据库形式存储,用户只要通过电脑的简单操作就可以查询到各种车型的资料,并能够实现打印、搜索等功能。近年来,在国际范围内,基于计算机的维修信息(Computer Based Repair Information)逐渐占据了主导地位。从 2000 年开始,维修资料的查询已经从光盘(CD、DVD)转移到互联网(Internet)资料库的形式。

2001 年,中国车检中心下属公司——中车行高新技术有限公司(简称中车行)突破技术难关,建成了真正基于互联网(Internet)的维修资料查询系统——中车在线(www.713.com.cn),同时推出一整套技术服务体系,使全国汽车技术人员能够与美国同步使用世界上最权威、最全面的技术资料。由于采用网络服务,中车在线的技术资料不仅包括米切尔所有英文维修资料(包括车辆维修和自动变速器大修),还提供了主要国产和进口车型的全中文维修资料。同时,米切尔(Mitchell)的配件数据库也实现了网上查询。

随着汽车工业的发展,从事汽车维修技术资料注册付费查询下载服务的网站纷纷建立,常见的有:笛威欧亚汽车科技汽车技术资料库(http://data.eaat.com.cn/)、汽车维修技术网(http://www.ephua.com/a6.htm)、精通维修下载(http://www.gzweix.com/)。

实例:中车在线资料查询方法

中车在线数据查询系统操作十分简便,与平时 Internet 上网一样方便快捷。技术人员在查询数据时用鼠标点击几次就能够找到相关技术资料。所有操作都是通过标识明显的链接或菜单实现的。

步骤 1　上网在 IE 地址栏键入 www.713.com.cn,确定后登陆中车在线网站(图 3-6)。

步骤 2　会员登录。

在中车在线首页选择"会员登录",如图 3-7 所示。

图 3-6　中车在线网站

进入会员登录页面,输入"会员名称"和"密码",如图 3-8 所示。完成后点击"登录"按钮。

图 3-7　会员登录

图 3-8　输入"会员名称"和"密码"

步骤 3　选择维修数据库。

登录成功以后,进入维修数据库频道,用户可以选择下列数据库——中文、英文、技术服务公报(TSB)和车型配置信息(即将开通查询)。点击相应标题即可进入。

中车在线对中文、英文和技术服务公报数据库采用了独有的"单一格式技术"(UFTech),使上述资料的检索方式做到完全一致。在此介绍资料的检索方法都以中文数据库为例。

中文数据库中包括大量常见的国产、进口车型的维修数据,如图 3-9 所示。大部分维修技术资料都能够在此数据库中找到,另外,变速器维修资料也已经加入到该数据库中;如果某些进口车型或变种车型的资料在中文数据库中没有找到,可以进入英文维修资料中查找。维修中遇到疑难杂症可以在"技术服务公报"(TSB)数据库中查询。在维修某些疑难杂症之前,如制动噪声、非正常熄火、电子系统间歇故障等都应该先在 TSB 中查询技术资料,这将有

图 3-9　中车在线上的维修数据库

可能节省几小时甚至几天的诊断时间。技术公报、疑难问题和维修技巧是 TSB 的重要内容,也是国内维修行业忽视的重要技术数据,这些资料是原厂维修手册中所不具备的。

如果在上述数据库中找不到相关资料,请与中车在线技术支持联系,技术专家将协助您解决资料查询问题。

步骤4 确定车辆的"年""厂""型"。

Mitchell 资料的一个重要特点是所有车型数据按照年代精确划分,不通年代的相同车型维修资料可能会有极大差别,例如:95 款的 Audi A6 与 99 款的 Audi A6 在维修资料上完全是两个车型。因此在查询资料前必须确认该车型生产年代。此信息主要通过17位编码(VIN)的第10位获得,也可以通过查找车辆铭牌获得年代信息。按照图3-10所示方式选择"年"。

图3-10 选择车辆生产年份

在选定车辆的年代后,选择该车型的制造厂。目前,数据库中总计有近50个制造厂,用户根据车型的"厂别"选择相应"制造商"。制造厂选择方式如图3-11所示。

确定车型的最后一步是选择该车型的具体型号。如果判断型号有困难,通过17位编码(VIN)也能够确定车型。选择型号的方式如图3-12所示。

图3-11 选择车辆制造厂

图3-12 选择车辆型号

步骤5 选择维修内容。

数据库信息组织方式符合美国ASE标准,查询十分简便。

选定车型后,在右侧目录区列出该车型对应的所有数据目录,其概念与普通书籍目录一样,如图3-13所示。点击相关目录后,进一步选择章节,即可调出本节对应的所有文章。

图3-13 选择资料目录

数据库中的目录分为如下几类:附件和电气、空调和暖风、自动变速器、制动、发动机机械、发动机性能、通用信息、维护、手动变速器、动力传动系、转向和悬架、技术服务公报、电路图。

确定章节后,即进入最后一步——文章标题选择,如图 3-14 所示。用鼠标直接点击相关文章标题,即可进入此文章。

进入文章后,可以直接阅读资料,也可以快速在文章中检索和跳转,操作方法与 Mitchell 光盘一致,但更快捷。

每篇文章分为如下几类数据:标题、图形和表格。在窗口的左侧区域列出当前文章中的所有标题、图形和表格,点击其中任何信息就可以直接进入该内容。如图 3-15 所示,点击"检索故障代码"可以直接调出"检索故障代码"这段文章。

图 3-14　选择文章标题

图 3-15　目标文章

课题五　著作权人的权利保护

著作权是知识产权的一种,是一种特殊而且重要的民事权利。著作权主要的是财产权利,在我国的市场经济体制下,建立著作权法律保护制度,维护了公民正当的民事权益,保护了创作者的正当权益,调动了广大作者的创作积极性,有利于优秀作品的广泛传播,有利于促进我国的对外文化交流。

著作权,也称版权,是基于文学、艺术和科学作品而产生的法律赋予公民、法人和其他组织等民事主体的一种特殊的民事权利。是指作者基于对特定的作品依法享有的专有权利,是作者及其他著作权人对文学、艺术、科学作品等作品所享有的人身权以及全面支配该作品并享受其利益的财产权的总称。

中国公民、法人或者其他组织的作品,以及外国人的作品,均可以依照我国著作权法受我国法律保护。同时,我国实行著作权自愿登记制度,著作权人可以依法就计算机软件、各类作品、著作权合同向中国版权保护中心申请著作权登记,取得国家版权局颁发的《著作权登记证书》,作为享有著作权的有效凭证。

一、著作权的分类

《中华人民共和国著作权法》(以下简称《著作权法》)第十条规定著作权包括下列人身

权和财产权：

(1) 发表权，即决定作品是否公之于众的权利。

(2) 署名权，即表明作者身份，在作品上署名的权利。

(3) 修改权，即修改或者授权他人修改作品的权利。

(4) 保护作品完整权，即保护作品不受歪曲、篡改的权利。

(5) 复制权，即以印刷、复印、拓印、录音、录像、翻录、翻拍等方式将作品制作一份或者多份的权利。

(6) 发行权，即以出售或者赠予方式向公众提供作品的原件或者复制件的权利。

(7) 出租权，即有偿许可他人临时使用电影作品和以类似摄制电影的方法创作的作品、计算机软件的权利，计算机软件不是出租的主要标的的除外。

(8) 展览权，即公开陈列美术作品、摄影作品的原件或者复制件的权利。

(9) 表演权，即公开表演作品，以及用各种手段公开播送作品的表演的权利。

(10) 放映权，即通过放映机、幻灯机等技术设备公开再现美术、摄影、电影和以类似摄制电影的方法创作的作品等的权利。

(11) 广播权，即以无线方式公开广播或者传播作品，以有线传播或者转播的方式向公众传播广播的作品，以及通过扩音器或者其他传送符号、声音、图像的类似工具向公众传播广播的作品的权利。

(12) 信息网络传播权，即以有线或者无线方式向公众提供作品，使公众可以在其个人选定的时间和地点获得作品的权利。

(13) 摄制权，即以摄制电影或者以类似摄制电影的方法将作品固定在载体上的权利。

(14) 改编权，即改变作品，创作出具有独创性的新作品的权利。

(15) 翻译权，即将作品从一种语言文字转换成另一种语言文字的权利。

(16) 汇编权，即将作品或者作品的片段通过选择或者编排，汇集成新作品的权利。

(17) 应当由著作权人享有的其他权利。

著作权人可以许可他人行使前款第(5)项至第(17)项规定的权利，并依照约定或者本法有关规定获得报酬。

著作权人可以全部或者部分转让本条第一款第(5)项至第(17)项规定的权利，并依照约定或者本法有关规定获得报酬。

二、保护著作权的原因

我国民事立法的基本原则，维护了公民正当的民事权益，完善了我国知识产权的法律制度。《著作权法》的实施，标志着文学艺术领域无法可依的局面的结束，标志着我国知识产权法律保护制度发展到了一个新的阶段。

建立著作权法律保护制度，保护了创作者的正当权益，调动了广大作者的创作积极性，为繁荣社会主义科学文化事业创造了良好的条件。《著作权法》从法律上确立了作者对其创作的作品享有人身权的财产权，这就为作者进行再创作提供了物质的和精神的条件。《著作权法》禁止以剽窃、篡改、假冒等不法行为侵害作品，这为保护作者的正当权益，尊重创作者的创作成果，提供了法律上的保障。当作者的创造性劳动受到了法律保护，作者的创作积极性就会被调动起来,更多更好的作品就会不断推出,新的作者也会成批地涌现出来,社会主义的科学文化事业就一定能兴旺发达。

从调整作者、传播者、使用者之间的关系看,也有利于优秀作品的广泛传播。《著作权法》不仅要保护作者的正当权益,也要保护传播者的正当权益,还要保护公众进行学术活动和掌握知识、分享科学技术文化知识成果的权利。

实行著作权法律保护,还有利于促进我国的对外文化交流。我国是拥有四大发明的文明古国,早在南宋时,我国就已经有了著作权保护的观念。但到了近代,我国的著作权保护制度落后了。为了促进我国对外文化交流,开展国际版权贸易,我国《著作权法》吸收了国际版权保护的一些基本原则,如"国民待遇"原则等,这对于我国有效地参与国际文化交流,从交流中吸收别国的优秀文化成果,锻炼我国的作家队伍,促进我国民族文化的发展具有重要的意义。

开展著作权法律保护,也是我国实行对外开放政策的需要,是落实对外开放政策的一项重要措施。有了《著作权法》,就为我国同外国签订有关著作权保护双边协议或参加国际版权组织,创造了条件。

三、侵犯著作权的行为

1. 侵犯著作权的主要行为

《著作权法》第四十七条有下列侵权行为的,应当根据情况,承担停止侵害、消除影响、赔礼道歉、赔偿损失等民事责任:

(1)未经著作权人许可,发表其作品的。

(2)未经合作作者许可,将与他人合作创作的作品当作自己单独创作的作品发表的。

(3)没有参加创作,为谋取个人名利,在他人作品上署名的。

(4)歪曲、篡改他人作品的。

(5)剽窃他人作品的。

(6)未经著作权人许可,以展览、摄制电影和以类似摄制电影的方法使用作品,或者以改编、翻译、注释等方式使用作品的,本法另有规定的除外。

(7)使用他人作品,应当支付报酬而未支付的。

(8)未经电影作品和以类似摄制电影的方法创作的作品、计算机软件、录音录像制品的著作权人或者与著作权有关的权利人许可,出租其作品或者录音录像制品的,本法另有规定的除外。

(9)未经出版者许可,使用其出版的图书、期刊的版式设计的。

(10)未经表演者许可,从现场直播或者公开传送其现场表演,或者录制其表演的。

(11)其他侵犯著作权以及与著作权有关的权益的行为。

《著作权法》第四十八条有下列侵权行为的,应当根据情况,承担停止侵害、消除影响、赔礼道歉、赔偿损失等民事责任;同时损害公共利益的,可以由著作权行政管理部门责令停止侵权行为,没收违法所得,没收、销毁侵权复制品,并可处以罚款;情节严重的,著作权行政管理部门还可以没收主要用于制作侵权复制品的材料、工具、设备等;构成犯罪的,依法追究刑事责任:

(1)未经著作权人许可,复制、发行、表演、放映、广播、汇编、通过信息网络向公众传播其作品的,本法另有规定的除外。

(2)出版他人享有专有出版权的图书的。

(3)未经表演者许可,复制、发行录有其表演的录音录像制品,或者通过信息网络向公众传播其表演的,本法另有规定的除外。

(4)未经录音录像制作者许可,复制、发行、通过信息网络向公众传播其制作的录音录像制品的,本法另有规定的除外。

(5)未经许可,播放或者复制广播、电视的,本法另有规定的除外。

(6)未经著作权人或者与著作权有关的权利人许可,故意避开或者破坏权利人为其作品、录音录像制品等采取的保护著作权或者与著作权有关的权利的技术措施的,法律、行政法规另有规定的除外。

(7)未经著作权人或者与著作权有关的权利人许可,故意删除或者改变作品、录音录像制品等的权利管理电子信息的,法律、行政法规另有规定的除外。

(8)制作、出售假冒他人署名的作品的。

《中华人民共和国著作权法实施条例》明确:有《著作权法》第四十八条所列侵权行为,同时损害社会公共利益,非法经营额5万元以上的,著作权行政管理部门可处非法经营额1倍以上5倍以下的罚款;没有非法经营额或者非法经营额5万元以下的,著作权行政管理部门根据情节轻重,可处25万元以下的罚款。有《著作权法》第四十八条所列侵权行为,同时损害社会公共利益的,由地方人民政府著作权行政管理部门负责查处。国务院著作权行政管理部门可以查处在全国有重大影响的侵权行为。

2. 侵害著作权人的人身权

侵害著作权人的人身权行为有:

(1)剽窃、抄袭。

(2)未经许可发表著作权人的作品。

(3)未经合作者许可,将与他人合作的作品当成自己单独创作的作品发表。

(4)没有参加创作,为谋取个人利益,在他人作品上署名。

(5)歪曲篡改假冒他人作品。

3. 侵害著作权人的财产权

侵害著作权财产权的行为有:

(1)擅自使用。

(2)擅自复制。

(3)制作出售假冒他人作品。

(4)擅自制作、转播。

(5)未按规定付酬。

四、著作权侵权的构成要件

1. 所侵害的作品应当在著作权法保护的范围内

《中华人民共和国著作权法》及《中华人民共和国著作权法实施条例》中所称的作品,是指文学、艺术和科学领域内具有独创性并能以某种有形形式复制的智力成果。作品形式主要有：

（1）文字作品，是指小说、诗词、散文、论文等以文字形式表现的作品。

（2）口述作品，是指即兴的演说、授课、法庭辩论等以口头语言形式表现的作品。

（3）音乐作品，是指歌曲、交响乐等能够演唱或者演奏的带词或者不带词的作品。

（4）戏剧作品，是指话剧、歌剧、地方戏等供舞台演出的作品。

（5）曲艺作品，是指相声、快书、大鼓、评书等以说唱为主要形式表演的作品。

（6）舞蹈作品，是指通过连续的动作、姿势、表情等表现思想情感的作品。

（7）杂技艺术作品，是指杂技、魔术、马戏等通过形体动作和技巧表现的作品。

（8）美术作品，是指绘画、书法、雕塑等以线条、色彩或者其他方式构成的有审美意义的平面或者立体的造型艺术作品。

（9）建筑作品，是指以建筑物或者构筑物形式表现的有审美意义的作品。

（10）摄影作品，是指借助器械在感光材料或者其他介质上记录客观物体形象的艺术作品。

（11）电影作品和以类似摄制电影的方法创作的作品，是指摄制在一定介质上，由一系列有伴音或者无伴音的画面组成，并且借助适当装置放映或者以其他方式传播的作品。

（12）图形作品，是指为施工、生产绘制的工程设计图、产品设计图，以及反映地理现象、说明事物原理或者结构的地图、示意图等作品。

（13）模型作品，是指为展示、试验或者观测等用途，根据物体的形状和结构，按照一定比例制成的立体作品。

《著作权法》所称创作，是指直接产生文学、艺术和科学作品的智力活动。为他人创作进行组织工作，提供咨询意见、物质条件，或者进行其他辅助工作，均不视为创作。

2. 须为《著作权法》所明文保护的排他性权利

著作权包括下列人身权和财产权：

（1）发表权，即决定作品是否公之于众的权利。

（2）署名权，即表明作者身份，在作品上署名的权利。

（3）修改权，即修改或者授权他人修改作品的权利。

（4）保护作品完整权，即保护作品不受歪曲、篡改的权利。

（5）复制权，即以印刷、复印、拓印、录音、录像、翻录、翻拍等方式将作品制作一份或者多份的权利。

（6）发行权，即以出售或者赠予方式向公众提供作品的原件或者复制件的权利。

（7）出租权，即有偿许可他人临时使用电影作品和以类似摄制电影的方法创作的作品、计算机软件的权利，计算机软件不是出租的主要标的的除外。

（8）展览权，即公开陈列美术作品、摄影作品的原件或者复制件的权利。

（9）表演权，即公开表演作品，以及用各种手段公开播送作品的表演的权利。

（10）放映权，即通过放映机、幻灯机等技术设备公开再现美术、摄影、电影和以类似摄制电影的方法创作的作品等的权利。

（11）广播权，即以无线方式公开广播或者传播作品，以有线传播或者转播的方式向公众传播广播的作品，以及通过扩音器或者其他传送符号、声音、图像的类似工具向公众传播广播的作品的权利。

(12) 信息网络传播权,即以有线或者无线方式向公众提供作品,使公众可以在其个人选定的时间和地点获得作品的权利。

(13) 摄制权,即以摄制电影或者以类似摄制电影的方法将作品固定在载体上的权利。

(14) 改编权,即改变作品,创作出具有独创性的新作品的权利。

(15) 翻译权,即将作品从一种语言文字转换成另一种语言文字的权利。

(16) 汇编权,即将作品或者作品的片段通过选择或者编排,汇集成新作品的权利。

(17) 应当由著作权人享有的其他权利。

著作权人可以许可他人行使前款第(5)项至第(17)项规定的权利,并依照约定或者本法有关规定获得报酬。

著作权人可以全部或者部分转让本条第一款第(5)项至第(17)项规定的权利,并依照约定或者本法有关规定获得报酬。

3. 被害人须有著作权

原告提起著作权侵权之诉,首先应当证明其享有著作权。在我国,不采用著作权取得须先经行政机关审查登记的制度,而采用"创作"主义,作品一经创作完成,作者就取得著作权。但在诉讼中,原告仍须证明其著作权的存在。著作权的存在,除上述应属于成文法所保障的客体和权利范围以外,原告还须证明:

(1) 作品具有原创性。著作权的取得要件与专利权不同,后者须具有新颖性、创造性与实用性。而著作权只要具有原创性就够了,即只要是经过个人心血努力、独立创作而非盗用、抄袭他人著作而成即可。

(2) 具有我国国民的身份或属于我国《著作权法》所保护的外国人和无国籍人。

4. 受害人须证明对方有侵权行为

亦即侵害著作权人受法律保护的几种特别权利。复制、展览、表演、发行等都是客观的行为,较易判断侵害是否发生。但是对于"抄袭",即因"观念"等不受保护,须先分出"观念"以外的"表现形式"为保护的标的。而抄袭又不能局限于一字不易的雷同,其判断难免有主观的价值判断,而缺乏客观标准。

5. 被告不得以"合理使用"原则为抗辩

著作权法既然以公益的保护为重,在某种程度内,即使是未经许可而使用作品,被告尚可以"合理使用"为理由以为免责抗辩。各国法律也都明定哪些行为为合理使用。此外,对于"合理使用"的判断标准明示如下:

(1) 使用的目的和性质,即依其为商业性使用或非盈利的教育性目的而区别。

(2) 受著作权法保护的作品的性质。

(3) 使用的数量及实质在整个受保护作品上所占的比例。

(4) 使用对有著作权保护的作品经济市场的价值的影响。

五、论文相似性检测

为了有效预防和依法规范处理高等学校发生的学术不端行为,扭转学风不良发展趋势,促进科学研究良性发展,教育部近日发布《高等学校预防与处理学术不端行为办法》(以下简称《办法》),自2016年9月1日起施行。《办法》的颁布实施,使高等学校处理学术不端行为有章可依、有规可循。相应地一般职业院校学生论文及地方职业技能鉴定考生的论文总相似比(也有称查重率)不得超过20%。

"中国知网"开设了学术不端文献检测系统,系统组合了"中国知网大学生论文检测系统"。"万方数据"开设了"论文相似检测服务"系统。维普资讯开设了"维普论文检测系统"。这些付费系统都可以学校或学生个人的方式注册查询。学校可以在系统中建立本校学生论文库,以防同校学生论文相似度过高。

百度学术也组合了收费和免费多功能的"论文查重系统"。众果搜(中国搜)组合了"文章照妖镜",它可每次对2000字内的文稿进行原创性比例免费检测。

实例:维普资讯网论文检测

维普资讯网论文检测系统网址:http://vpcs.cqvip.com/personal/,页面如图3-16所示。

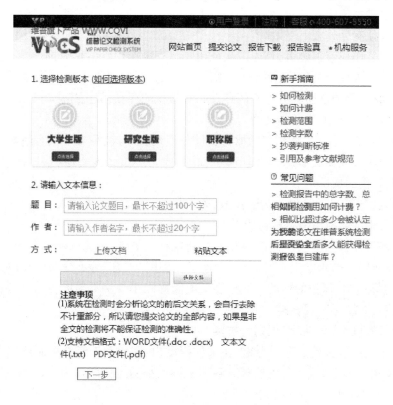

图3-16　维普资讯论文检测系统主页

1. 检测步骤

(1)选择需要使用的版本。

(2)提交论文("复制、粘贴原文"或"直接上传文档"任意一种方式提交您的论文)。

(3)点击下一步(统计字符数,计算费用)。

(4)支付(选择支付方式)。

(5)下载报告(报告检测完成,可选择短信提醒)。

维普论文检测报告结果为一个压缩包(图3-17):包括网页版详细报告＋对比报告＋简洁报告＋PDF报告(图3-18)。

图3-17　维普论文检测报告结果为一个压缩包

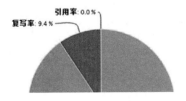

图3-18　维普资讯PDF版文本检测报告(结论部分)

2. 计费方式

按照所提交的文档的字符数,一般按每千字计费。

3. 检测范围

①题目;②版权声明;③摘要;④关键词;⑤目录;⑥论文正文:包括前言、本论、结论三个部分;⑦致谢;⑧参考文献;⑨注释;⑩附录。

4. 检测字数

字符数+空格来计算,WORD不计算图表、格式代码信息,但图表和格式设置在转化中的部分是会计算总字数的,您可以选择将您的论文粘贴复制到txt文本里再提交,减少图表转换产生的字符及隐藏字符等。中文论文按字符数计算,外文论文2个字母算一个字符。

5. 抄袭判断标准

(1)与他人作品的字句完全相同或基本相同,或仅作了某些删减、个别修改或结构上的调整。

(2)虽然字句并未完全相同或基本相同,但在引用他人作品时已超过了"适当引用"的界限。

(3)虽然在引用量上未超过"适当引用"的界限,但在"作品"的关键部分、有价值部分或特色部分与他人作品相同。

(4)有些作品完全是他人多篇作品的片段拼凑,而又非编辑作品(又称汇编作品)。

单元四
专业技术论文及科技课题文本范例

课题一 专业技术论文范例

范例一

发动机电控系统线路断路和接触不良故障分析

嘉兴职业技术学院 戈秀龙

摘　要：以2003款雅阁车用发动机电子控制系统电路为例，分析了发生线路断路、接触不良的原因，重点介绍了易发生线路断路、接触不良故障的部位及故障码的显示情况。结合故障实例进行分析，针对无故障码显示的线路断路和接触不良故障，提出了检测方法和维修方法。

主题词：发动机　电控系统　断路　接触不良

1　前言

大多数电子控制系统故障可以直接利用发动机诊断仪读取故障码，并按照故障处理流程解决。然而，线路故障（如断路、线路接触不良等）往往无故障码显示，一般很难做出准确判断。本文以2003款雅阁（2.4L）车用发动机电子控制系统为例，对发生线路故障（如断路、线路接触不良等）的原因、表现形式、影响范围和检测方法进行了详细分析。

2　线路断路和接触不良的原因及表现形式

2.1　线路受热氧化

因长期处在高温条件下，发动机上的传感器（如节气门位置传感器、进气歧管压力传感器、发动机冷却液温度传感器、曲轴位置传感器、凸轮轴位置传感器、进气温度传感器、空燃比传感器、副加热型氧传感器等）触点容易被氧化，生成 CuO、Fe_2O_3 等氧化物，形成接触电阻；同时线束绝缘层也容易老化开裂，进而发生芯线的高温氧化情况，导致导线电阻增加。

在钣金作业中，气焊气割产生的强高热使线束绝缘层被烫坏，导线氧化情况也经常发生。

2.2　线路受潮腐蚀

汽车在雨雪环境下行驶，容易使汽车电子元件和线路受潮。驾驶人对汽车进行维护时，一般都比较注重汽车外表，而忽略汽车底盘等隐秘部位的保洁，使底盘线路（线路与汽车金属部分连接点)因长期受潮而氧化。若蓄电池电解液、发动机冷却液等渗漏则加剧氧化反应的发生,在蓄电池极桩与电源线连接处产生铁锈 Fe_2O_3 和铜绿 $CuCO_3 \cdot Cu(OH)_2$,直接降低 PCM 的电源电压,影响汽车电控系统正常工作。

潮湿的环境同样导致传感器接插件处的接插片和接头焊接处等与空气接触的部位发生电化学腐蚀,生成绿色的铜绿 $CuCO_3 \cdot Cu(OH)_2$。铜绿在潮湿条件下易使线路强度下降并发生短路;在高温条件下则分解生成黑色的 CuO,使接触电阻显著增加。

因线路受潮腐蚀一般表现为生成铁锈 Fe_2O_3、铜绿 $CuCO_3 \cdot Cu(OH)_3$ 等,产生的接触电阻少则几千欧姆,多则几兆欧姆,甚至几十兆欧姆、几百兆欧姆,直至线路断路。

2.3 线路沾染灰尘

汽车行驶过程中会沾染很多灰尘,沉积的灰尘影响线路中电子元器件的热量散发,导致元件温度上升,进而出现热稳定性下降甚至产生漏电,严重时导致元件烧毁。灰尘还会吸收水分,延长受潮线路的干燥时间,腐蚀线路接插片和焊接点,造成接触不良和断路问题。

2.4 线路受振、受挤压

车辆长时间在高低起伏的恶劣路况下行驶,很容易使线路绝缘层受振动和挤压,进而使芯线磨断和导线搭铁等紧固部分松动。特别是当汽车发生碰撞事故时,线路被挤断、接头被振松的现象时有发生。

线路受振动、受挤压产生的接触电阻较小,少则几十欧姆,多则几百欧姆;而发生碰撞挤压时易引起导线断裂,导致线路断路。

2.5 线路维修不规范

在汽车修理作业中,往往会插错接插件,该紧固的地方疏漏或紧固不到位,导致线路接触不良。特别是在对汽车进行改装和装潢时,有的修理人员任意增加引线或改变线路,人为增加线路负荷,导致线路发烫烧坏和断路。

因线路维修不规范产生的接触电阻在几十至几百欧姆之间,而人为插错接插件则表现为断路。

3 发生断路、接触不良的部位及故障码显示

3.1 线路断路

PCM 连接的每一条线路都很重要。如果出现断路一般会产生故障码,按常规故障排除即可。但是有的线路断路时 PCM 却未设置故障码,见表1。

2003 款雅阁(2.4L)车用发动机电子控制系统断路后无故障码显示的线路　　表1

执 行 器	PCM 电源及搭铁线	信号输入线路
燃油泵继电器	主电源线	交流发电机信号线
发动机支架控制电磁阀线路	主继电器控制线	动力转向信号线
	电源搭铁	制动开关信号线
空调离合器继电器控制线路	逻辑搭铁	PCM 与数据传输接插器信号线(用于 PCM 与诊断仪通讯线)允许写入信号线路(用于对 PCM 程序进行升级)

续上表

执 行 器	PCM 电源及搭铁线	信号输入线路
PCM 与巡航控制单元之间的通信线路	逻辑搭铁	PCM 与数冷起动控制模块之间的线路
		维修检查信号线
		PCM 与数据传输接插器信号线(用于 PCM 与诊断仪通信线)
		允许写入信号线路(用于对 PCM 程序进行升级)

表1中线路断路会影响到起动性能、动力性能、稳定性能、排放性能、巡航工作性能、发电机发电性能,甚至诊断仪与 PCM 的通信性能,如果故障又是间歇性的,则给诊断带来很大难度。

3.2 线路接触不良

PCM 设置故障码需要信号偏差达到一定的数值范围,因此线路接触不良产生接触电阻时,不一定会产生故障码,如 MAP 传感器设置故障码的条件是低于 3kPa 或高于 160kPa,这意味着"几乎要到线路发生断路或短路才能够满足设置故障码的条件"。因此,只要 MAP 信号在 3kPa 以上,即使 MAP 传感器线路接触不良导致信号输入偏差或产生明显的故障症状,系统仍然无故障码显示。这类故障按导线功能,可分为以下几种。

(1)电源线:接触电阻产生分压,导致用电器电压不足。

(2)搭铁线:接触电阻产生分压,导致用电器电压不足或搭铁参考电压发生变化。

(3)信号线:接触电阻引起传感器输入信号失真,导致 PCM 发出错误指令。

不同导线承受接触电阻能力的差别很大,现予逐一分析,以找出对接触电阻敏感的线路,从而掌握不同线路发生接触不良故障的规律。

3.2.1 传感器线路

3.2.1.1 节气门位置传感器(TPS)

TPS 电源线与自动变速器副轴转速传感器共用,接触电阻会产生分压,造成传感器工作电压降低,进而使信号输入整体偏低,即在所有节气门开度情况下输入信号电压偏低,如果接触电阻为 $5k\Omega$,则在节气门从全关到全开过程中,TPS 信号的范围为 1.96% ~ 18.43%,故障症状明显,但 PCM 并没有设置故障码。TPS 信号的影响会产生供油、点火、怠速电磁阀控制、自动变速器换挡等方面的一系列问题,导致如加速迟钝、怠速不稳、排放不良、自动变速器升挡点提前、车辆动力不足、换挡冲击大等故障。

TPS 信号线接触电阻如再增大,PCM 就会设置"TPS 信号电压过低"故障码。

TPS 搭铁线与进气温度传感器(IATS)、发动机冷却液温度传感器(ECTS)、自动变速器油温传感器共用,如有接触电阻会使显示值与实际不符,但无故障码显示,如当进气温度 IAT = 29℃,发动机冷却液温度 ECT = 91℃,节气门位置 TP = 91% 时,TPS 搭铁线带有接触电阻时与有关显示值之间关系见表2。

TPS 搭铁线接触电阻与有关显示值之间的关系 表2

接触电阻	有关参数显示	故障码显示情况
100	IAT = 25℃,ECT = 63℃,TP = 22.35% ~ 93%	无故障码
200	IAT = 22℃,ECT = 52℃,TP = 31% ~ 93.7%	无故障码
5000	IAT = -22℃,ECT = -13℃,TP = 89.79% ~ 98.81%	无故障码

TPS搭铁线接触电阻达到万欧级才会造成PCM设置故障码。

3.2.1.2 进气歧管压力传感器(MAPS)

MAPS电源线与自动变速器主轴转速传感器共用,电源线的接触电阻会产生分压,导致传感器工作电压降低,进而使信号输入整体偏低。MAPS信号会连带产生供油、点火、怠速电磁阀控制等方面的一系列问题,使起动性能、加速性能、执行器控制准确性能下降。

当发动机冷却液实际温度为65℃,不起动状态正常情况下,进气歧管压力MAP为100kPa的时候,MAPS信号线带有接触电阻时与有关显示值之间的关系见表3。

MAPS信号线接触电阻与有关显示值之间的关系 表3

接触电阻(Ω)	有关参数显示情况	故障码显示情况
100	不起动时MAP=70kPa,怠速时MAP=53kPa,短期燃油调整系数=0.96~0.98	起动后不熄火,无故障码
300	不起动时MAP=60kPa,怠速时MAP=29kPa,短期燃油调整系数=0.91~0.93	踩加速踏板会熄火,无故障码
600	不起动时MAP=53kPa,怠速时MAP=20kPa,短期燃油调整系数为0.69	怠速游车,踩加速踏板会熄火,无故障码

当MAPS信号线接触电阻达到千欧级,PCM就会设置"MAP信号电压过低"故障码。

MAPS搭铁线单独使用,如有接触电阻,会使MAP信号电压偏高。

3.2.1.3 发动机冷却液温度传感器(ECTS)

ECTS信号线接触电阻与传感器串联,会使PCM误认为传感器电阻偏高(发动机冷却液温度偏低)。当实际发动机冷却液温度为92℃时,若接触电阻为5kΩ,则ECT显示为4℃,会造成热车无法起动的故障现象,这是起动喷油量过大造成的;若接触电阻减小至400Ω,ECT显示为53℃,则热车可以起动,但起动后怠速达1200r/min,短期燃油调整为0.97,喷油脉宽为2.6ms。

冷却液温度传感器信号线接触电阻达到50kΩ以上或断路时,PCM设置"发动机冷却液温度传感器电压过高故障码"。

3.2.1.4 曲轴位置传感器(CKPS)、凸轮轴位置传感器(CMPS)

CKPS、CMPS电源线路和搭铁线路都不经过PCM,这些线路有接触电阻会使传感器工作电压降低,信号不良。

CKPS、CMPS信号线接触电阻低于880Ω时,发动机能够起动,且无故障症状;但达到880Ω时,则很难起动,即使起动,不久就会有"曲轴位置传感器无信号"和"凸轮轴位置传感器无信号"故障码出现。

3.2.1.5 进气温度传感器(IATS)

与ECT类似,故障大多为信号偏差。进气温度传感器线路接触达到50kΩ以上或断路时,PCM设置"进气温度传感器电压过高"故障码。

3.2.1.6 电气负载检测器(ELD)信号

ELD用以检测电气负荷的大小,用电流来表示。其接触电阻低于880Ω时,发动机能够起动,且无故障症状;达到880Ω以上时,PCM设置"电气负载检测器电压过低"故障码。

3.2.1.7 动力转向压力开关信号(PSPSW)

PSPSW 线路接触不良会导致信号电压不足,若转向开关闭合时信号电压为 3V(正常值为 12V),PCM 则不用此信号,从而造成转向时怠速不稳,但无故障码显示。

3.2.1.8 空调(A/C)请求信号

与动力转向压力开关信号(PSPSW)情况相同。

3.2.1.9 空燃比(A/F)传感器

A/F 传感器安装于三元催化转化器(TWC)的上游,通过向 PCM 发送信号以相应地变更燃油喷射的持续时间。A/F 传感器输入 PCM 的电信号在低电平(0.1~0.3V)和高电平(0.7~0.9V)之间不断变化,变化频率为 10s 变化 8 次以上,如果变化过慢或电压保持不变,说明失效。其特点是信号弱,若线路中产生 10Ω 级的接触电阻就会使信号受到严重影响,所以此传感器的插接器大多采用镀金插针,以防止氧化而产生接触电阻。一般产生 10Ω 级的接触电阻时,PCM 将设置"空燃比传感器线路电压过低"故障码。

3.2.1.10 副加热型氧传感器(SHO_2S)

副加热型氧传感器检测三元催化转化器下游的废气含氧量,并向 PCM 发送信号,变更燃油喷射的持续时间。为使其输出稳定,传感器配有一个内加热器。PCM 将副 SHO_2S 的输出与 A/F 的输出对比,以确定催化剂的效率,SHO_2S 位于三元催化转化器上。类似 A/F 传感器,线路中产生几十欧姆的接触电阻就会使信号受到严重影响,所以此传感器的插接器大多采用镀金插针,以防止氧化而产生接触电阻。一般接触电阻小使 PCM 设置"SHO_2S 响应缓慢"故障码,大则设置"SHO_2S 电压过低"故障码。

3.2.1.11 交流发电机的负荷信号(ALTF)

交流发电机的负荷信号线路有接触电阻时,产生类似 CKP、CMP 传感器的情况。与动力转向压力开关信号类似,即使该信号断路也不会有故障码产生。

3.2.2 执行器线路

鉴于其他执行器线路与怠速空气控制(IAC)阀线路故障分析相似,现以 IAC 阀线路为例进行分析。

IAC 阀电源线路和搭铁线路都不经过 PCM,这些线路有接触电阻会造成怠速电磁阀工作电压降低,控制不良。

PCM 通过占空比控制 IAC 阀开度,占空比越大,IAC 阀的开度越小。所以 IAC 阀的初始位置开度很大,PCM 是通过关小 IAC 阀来调节进气量的。

当 ECT 为 85℃时:若 IAC 阀信号线接触电阻为 100Ω,则怠速转速为 580~690r/min,喷油脉宽为 2.74ms,IAC 阀指令在 5、6、7 之间变化(正常为 3 或 4,而且应该很稳定),无故障码;若接触电阻为 2280Ω,则怠速为 480~580r/min,加速无力,无故障码。随接触电阻增大,怠速转速越来越低;若接触电阻继续增大超过 3200Ω,反而会造成怠速过高,转速可达 1400r/min,无故障码;若接触电阻再增大,则 PCM 设置"怠速空气控制阀电路故障"故障码。

4 线路断路和接触不良的检测方法

对于有故障码产生的断路和接触不良问题,可以通过解码仪来解决,以下主要分析由线路断路和接触不良引发的无故障码问题的检测方法。

4.1 检测的基本思路

(1)比对电路图。有的断路和接触不良故障会出现在很隐蔽的地方,可用小夹钳把线束一根一根地慢慢抽动并试车，同时采用振动、加热、水淋等方法使接触不良的部位显现出来。

(2) 技术参数对比检查。对可疑元件进行技术参数对比检查，是故障排除中最常用的方法。

(3) 利用数据分析仪。检测各个参数的量程范围；检查参数的变化幅度和灵敏度，特别是 MAP 等对灵敏度要求很高的信号；分析几个关键参数，如短期燃油调整、点火提前角、IAC 阀指令等。尽管并非所有故障都在故障码中，但大多能在数据列表中有所体现，要学会熟练利用。

(4) 利用示波仪。利用示波仪进行检测是最有效、最全面的检测方法。这种处理方法只有在前面所述不能诊断出故障的情况下采用。对于怀疑"与其他线路短路，线路被施加额外电压引起故障"最好的诊断方法是波形分析。

4.2 常见由线路断路和接触不良引发的无码故障检测方法

4.2.1 线路断路

信号输入线断路多可以通过数据分析仪分析输入信号数据来发现问题。PCM 电源和搭铁线断路的故障会导致全车无电现象，可以很快判断出来。对发动机影响严重的执行器线路断路（如两个主继电器的线路、喷油器或点火线圈控制线路、A/C 离合器继电器控制线路、PCM 与巡航控制单元之间的通信线）在全面检修后也会找到故障点。对发动机影响不太严重的执行器线路（如发动机支架控制电磁阀控制线路等）则易被忽略，必须认真分析数据流。

4.2.2 线路接触不良

4.2.2.1 传感器线路

无故障码产生的传感器线路接触不良的故障检测方法见表 4。

2003 雅阁(2.4L)车用发动机电子控制系统传感器线路接触不良检测方法　　表 4

传感器线路	检 测 方 法
节气门位置传感器	不但要检查数值的连续性，更要检查数值范围是否在标准范围内变化
进气歧管压力传感器	要检查所有工况下的显示数值是否适当，还要看 MAP 的变化速度，最后将 MAP 的波形与 TPS 的波形进行对比，任何时候它们的同步性应该非常良好
发动机冷却液温度传感器	不但要检查数值范围，更要检查数值是否与实际发动机冷却液温度一致，ECT 的大多数故障都存在数值偏差
曲轴位置传感器 凸轮轴位置传感器	不但要看波形是否标准，还要看波形的电压值是否达到标准值
进气温度传感器	不但要检查数值范围，更要检查数值是否与实际进气温度一致，IAT 的大多数故障都存在数值偏差
电气负载检测器信号	检查波形是否标准及波形的电压值是否达到标准值
动力转向压力开关信号	检查信号是否有变化及其电压数值是否达到标准值
空调请求信号	检查信号是否有变化及其电压数值是否达到标准值
空燃比传感器	检查波形波形的电压值是否符合标准
副加热型氧传感器	检查波形及波形的电压值是否符合标准

结合故障实例进行分析如下。

故障现象:急速高,很稳定,热车后发动机转速1300r/min,无其他症状。

故障分析:IAC阀发卡,节气门体后发生漏气,喷油供给不当,急速提速信号一直工作,发动机冷却液温度信号反映发动机冷却液温度过低等。

检测分析:接入PGM本田专用检测仪,读取数据流,急速时TPS数值为0.94V、19%(比标准值高);IAC指令为6(标准应该为3或4左右),ECT为70℃;IAT为26.5℃(偏低);短期燃油调整不稳,但基本为1;点火提前角为零太过迟滞。

从检测结果分析,主要问题在TPS、IAC、ECT、IAT、点火提前角等参数上。另外,维修中注意到冷却风扇已经运转很长时间,说明发动机冷却液温度已经达到了93℃以上,而ECT显示才70℃,说明ECT信号不正常。结合TPS信号偏高的现象,认为可能原因是两个传感器的公共搭铁线路有故障。经检查发现TPS搭铁线接触不良,修复后故障解决。

4.2.2.2 执行器线路

对于采用占空比控制执行器的线路,最好采用示波器直接检测PCM控制端和执行器控制端波形,通过对比分析判断线路是否有接触不良故障发生。

参考文献

[1] 金松等.广州本田雅阁03款(2.0L、2.4L)轿车电控与电气系统.北京:机械工业出版社,2004.

[2] 麻友良,等.广州本田雅阁轿车维修手册.北京:机械工业出版社,2003.

[3] 苏卫宁,等.雅阁轿车使用智囊.北京:机械工业出版社,2004.

[4] 何凤,等.新款广州本田雅阁轿车维修手册.北京:人民交通出版社,2004.

范例二

汽油机失火初探

济南交通高等专科学校　于明进

摘　要:阐述了汽油机失火的概念,介绍了失火的危害,分析了汽油机失火的原因,并分别介绍了汽油机失火检测的方法,即缸内压力法、点火电压波形法、曲轴转速波形法、EGO传感器(氧传感器)法、单缸断火法及离子检测法等。

主题词:汽油机　失火　检测

失火是汽油机最常见的一种故障。随着电子控制汽油喷射系统、三元催化转换器及其他电子装置应用的日趋广泛和汽车保有量的快速增加,失火造成的危害越来越严重。本文拟对失火的定义进行探讨,对失火的危害、原因及有关失火的检测方法进行分析。

1 失火的定义

虽然国外对失火的研究开展较早,也取得许多进展,但对失火循环的定义还不完全一致。由文献[1]发现,有人将发动机的工作循环分为3类:慢燃烧循环,IMEP为平均值的85%

~46%；部分燃烧循环，IMEP 小于平均值的 46%；失火循环，IMEP＜0。还有人将发动机的工作循环分为另外 3 类：正常工作循环，IMEP 正常；IMEP 波动很大的循环；完全失火循环，IMEP≤0。

美国加利福尼亚州大气资源局的有关规定中指出，失火是指由于火花塞缺火、燃油不足、汽缸密封不良或其他原因造成的汽缸内的燃烧不充分。

因此，失火可以定义为：在发动机工作过程中，由于各种原因造成的混合气在汽缸内不能正常燃烧的现象。根据不正常燃烧的程度，失火分为部分失火和完全失火。部分失火是指混合气在汽缸内燃烧不完全，造成 IMEP 达不到正常值的现象；完全失火是指混合气在汽缸内燃烧不足或基本没有燃烧，造成 IMEP≤0 的现象。根据工作过程中出现的频率，失火又可以分为连续失火和单次失火。连续失火是指在发动机工作过程中，失火汽缸连续发生失火的现象。单次失火是指发动机工作过程中，失火汽缸有时正常工作、有时失火的现象。为了反映部分失火和单次失火的失火严重程度，引入一个概念——失火率。失火率是指部分失火造成的 IMEP 的下降值与正常值的百分比或单次失火中失火循环占总循环的百分比。

2 失火的危害

失火不但降低了汽车发动机的动力性、经济性，而且加速了催化转换 6S 的失效，使排放污染加剧。

2.1 失火加速排气净化催化剂失效

为了反映失火对催化剂的危害程度，引入"催化剂的许可温度"的概念。催化剂的许可温度是指维持催化剂正常工作所允许的最高排气温度。超过这个温度，就会加速催化剂老化。发动机在高速、大负荷工作时，排气温度在 950℃ 左右，因此，确定催化剂的许可温度为 1000℃[2]。在一排量为 3L 的六缸机上试验发现，失火率分别为 25%、20%、15%、10% 和 5% 条件下，排气温度上升到 1000℃ 时，相应的负荷（进气管压力）与转速的关系如图 1 所示。由图 1 可见，失火率越高，排气温度越容易达到许可温度，对催化剂的危害越严重。当失火率为 5%，转速在 6000r/min 以上、大负荷（进气管压力较高）时，排气温度才达到许可温度；当失火率为 25% 时，即使负荷很小（进气管压力为 20kPa），只要转速超过 5000r/min，排气温度就会达到许可温度。从图 1 还可以看出，失火率一定时，排气温度还与发动机的工况有关，随着负荷的增大，排气温度

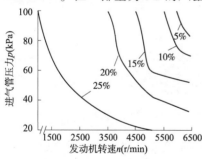

图 1 转速与负荷（进气管压力）的关系曲线

达到许可温度的最低转速下降很快，即负荷越大，排气温度越容易达到许可温度，对催化剂的危害越严重。另外，发动机负荷一定时，转速越高，排气温度越容易达到许可温度，如进气管压力为 40kPa、转速为 2500r/min 时，失火率大于 25%，排气温度才会达到许可温度；转速为 5000r/min 时，失火率达到 20%，排气温度就能达到许可温度。总之，失火率越高，对催化剂的危害越严重；并且这种危害与发动机的工况有关，发动机转速越高，负荷越大，失火对催化剂的危害也越严重。

2.2 失火造成排放污染加剧

失火对排放的影响主要表现为使 HC 化合物的排放浓度增大。正常情况下，失火使废

气中的氧气浓度增大,导致氧传感器周期性地输出"混合气过稀"的信号,造成混合气过浓。氧传感器的类型不同,混合气变浓的程度不同,相应的 CO 排放量有不同程度的增加,NO_x 排放量有不同程度的下降。在一排量为 2.8L 的六缸机上试验发现,各种排放物浓度与失火率的关系曲线如图 2 所示,图 2 中纵坐标为各种排放物浓度与美国 1994 年排放标准(HC 0.15 g/km,CO 2.11g/km,NO_x 0.25g/km)百分比。由图 2 可见,随着失火率的增加,HC 浓度迅速增加,失火率为 2.2% 时,HC 浓度约为失火前的 2 倍,超出标准约 50%。

另外,通过研究点火不良造成的失火对废气排放量的影响发现,点火不良导致的失火对 HC 排放影响非常严重。当失火率在 4%~5% 之间时,HC 排放量达到标准的 2 倍左右;当失火率接近 6% 时,HC 排放达到标准的 3 倍。CO 排放量随失火率增大变化不明显,失火率达到 6% 时,CO 排放量仍在标准值内。NO_x 排放量随失火率增大而减小。

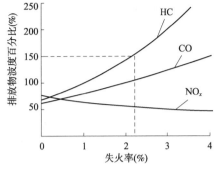

图 2 排放物浓度百分比与失火率的关系曲线

总之,失火造成汽缸 IMEP 下降,使发动机动力性、经济性变坏,排放污染加剧。同时,燃烧不良的混合气在排气管中氧化甚至燃烧,使催化剂温度升高,加速了催化剂的失效。另外,失火造成废气中氧气浓度周期性变化,发动机通过氧传感器反馈加浓混合气,也造成经济性变差,且 HC 和 CO 排放量增大。更为严重的是,如果对催化剂中毒不能及时发现,将会使发动机排放急剧恶化。

3 产生失火的主要原因

导致汽油机失火的原因很多,主要有点火系故障、燃料供给系故障、配气机构故障、汽缸密封不良等。

点火系故障导致失火,是由于火花塞缺火或点火提前角不当造成混合气在汽缸内不能正常燃烧。主要原因有:火花塞污损、电极间隙过大或过小、裙部绝缘不良;高压线断路或绝缘不良、分电器故障等。

燃料供给系故障导致失火,是由于可燃混合气过浓或过稀造成混合气在汽缸内不能正常燃烧。主要原因有:空气滤清器堵塞、进气管漏气、燃油油路不畅或油压过高或过低、化油器或喷油器故障等。

配气机构故障导致失火,是由于可燃混合气进气不畅或废气排气不彻底造成混合气在汽缸内不能正常燃烧。主要原因有:气门间隙调整不当或凸轮轴变形等。

汽缸密封不良导致失火,是由于汽缸密封不良引起压缩过程和压缩终了可燃混合气的温度和压力降低,影响可燃混合气的着火性能。主要原因有:活塞、活塞环与汽缸壁之间密封不良、气门与气门座之间密封不良、汽缸垫损坏等。

4 失火检测方法

发达国家对汽车排放物的严格限制,促进了电控燃油喷射技术和三元催化转换器的普及应用,使得失火对汽油机造成的危害也越来越严重,汽油机失火越发引起人们的重视。美国加利福尼亚州大气资源局在 1994 年颁布了"就车诊断规程Ⅱ"(简称 OBDⅡ)。OBDⅡ规定,1994 年后生产的汽车应当在限定的速度和转矩范围内对失火进行检测;1997 年后生产的汽车应当在各种速度和转矩条件下对失火进行检测,并且确定出失火汽缸。因此,发达国家(尤其是美国)对汽油机失火的研究进行的比较活跃,如何检测失火早已成为人们研究的热点[1-4]。在我国,由于采用三元催化转换器的汽车保有量相对较少,加上排放法规限制较宽,人们对失火的危害缺乏足够的认识,对失火的研究较少。综合国内外情况,失火的检测方法主要有如下6种:缸内压力法、曲轴转速波动法、单缸断火法、点火电压波形法、EGO传感器法和离子检测法。

4.1 缸内压力法

由于发动机汽缸内压力随着燃烧速率的不同而变化,在高速、大负荷条件下,失火时的汽缸压力与正常燃烧时的汽缸压力有很大的差异;而在低速、小负荷时,这种差异可能就不明显。因而,不能直接应用汽缸压力差异判断失火。这就需要通过对汽缸压力数据的测量分析,找出真正能反映可燃混合气在汽缸内的燃烧质量、判断汽缸有无失火的途径。应用IMEP就可以达到这个目的。通过测量汽缸内的气体压力计算出IMEP,并与正常燃烧时的IMEP或直接与其他汽缸的IMEP比较,判断该汽缸是否正常燃烧,有无失火。

尽管这种方法是最准确的失火检测方法,但因压力传感器等检测仪器价格较高、安装不方便,而且发动机各种工况下正常工作时的IMEP数据不容易得到,该方法在实际就车诊断中受到限制。

4.2 点火电压波形法

随着燃烧条件(混合气成分、压力、温度等)不同,火花塞放电电压的波形有很大差异。通过对不同燃烧条件下火花塞电压波形的对比分析发现,完全不能燃烧时,火花塞击穿电压比正常值高20%~50%,火花持续时间却短20%~30%,火花后期电压比正常燃烧时高2~5倍。

这种方法的特点是仪器安装简便,适应性强。但由于火花塞电压波形除与燃烧条件有关外还受火花塞间隙大小、火花塞绝缘性能等影响,因此检测的准确性不高。这种方法在我国应用较广,但主要局限于检测点火系的工作情况,根据电压波形分析点火系各零部件工作是否正常。

4.3 曲轴转速波动法

如果发动机有失火故障,则失火汽缸的指示转矩就会下降,造成发动机转速异常波动。许多文献表明,根据曲轴的瞬时转速可以估计各汽缸的压缩压力、燃烧压力、指示转矩等。曲轴转速波动法正是通过测量曲轴转速的波动,估计汽缸的指示转矩(或IMEP),来判断该缸失火与否。

这种方法的特点是测量简便,测量准确性取决于瞬时转速的测量精度,还与发动机汽缸数、转速、负荷等有关。发动机提供的瞬时转速信号越准确,测量准确性越高;发动机汽缸数越少、负荷越大、转速越低,测量准确性也越高。

4.4 EGO传感器法

在采用三元催化转换器的汽车上,为了最大限度降低排放,空燃比应控制在理想空燃比附近。因为三元催化转换器只有在理想空燃比附近很小范围内才能对CO、HC的氧化和NO_x的还原同时进行,实现向CO_2、H_2O、N_2 O_2的转化。为此,在排气管上安装了EGO传感器,以检测废气中氧气浓度、反映空燃比的高低,从而通过微电脑实现空燃比的闭环控制,为各汽缸提供精确的喷油量和准确的喷油时刻。但由于 EGO 传感器有非线性的开关特性,它只能识别空燃比过大还是过小,即混合气过稀还是过浓,不能提供实际空燃比的精确值。EGO 传感器在混合气偏浓时输出高电压(约 1V);在混合气偏稀时输出低电压(约 0.1V)。当点火系工作不良导致失火时,即使混合气偏浓,EGO 传感器输出电压也不升高,而是降到最低值附近。因此,通过检测 EGO 传感器输出电压,可以诊断失火故障。由于 EGO 传感器输出电压对空燃比变化反应非常敏感,使这种方法不太可靠。

4.5 单缸断火法

单缸断火法又称"单缸动力性检查",首先使发动机在某一工况下稳定运行,用短路或断路的方法使某汽缸火花塞不跳火,人为造成该汽缸完全失火(又称"人工断火"),通过考察人工断火前后发动机转速变化情况,判断该汽缸原来工作是否正常,即有无失火。某汽缸人工断火前后发动机转速的差值称为该汽缸的"单缸转速降"。单缸转速降越大,说明该缸原来工作越好;反之,单缸转速降越小,说明该缸原来工作越差,失火率越高,如果一个缸的单缸转速降约为零,表明该缸完全失火。

由于操作方便,诊断准确性较高,这种方法在我国汽车维修业中应用十分广泛,但对其缺点应给予足够重视。人工断火后容易引起被检汽缸火花塞污损,甚至"淹死",导致被检汽缸在检测结束后部分失火或完全失火。另外,采用拔掉高压线等使高压回路断路的方法进行单缸断火时,引起次级电压升高,次级电压最大值达到正常工作时火花塞击穿电压的 2 倍以上,这对汽车上的电子设备十分有害。

4.6 离子检测法

可燃混合气在汽缸内燃烧后产生大量离子,火花塞点火后,给火花塞电极间加一直流电压,在火花塞电极间就产生离子电流。离子电流随曲轴转角的不同而有规律地变化,这种变化规律又与汽缸内可燃混合气的燃烧情况有关。将被检汽缸离子电流的变化规律与汽缸正常工作时的离子电流变化规律对比,以判断相应汽缸是否失火,这就是离子检测法的基本原理。

这种方法不但可以检测汽油机失火,而且可以控制爆震、检测配气相位,在将来甚至可以提供空燃比信息[4]。有关这种方法的准确性,尚需要进一步试验研究。

5 结论

综上所述,失火作为汽油机的最常见故障,如不及时发现和排除,其危害十分严重,应引起足够的重视。失火的检测方法有多种,有的方法不宜推广应用或就车使用,有的方法尚需进一步探讨与完善。如何根据我国国情,加速确定并规范相应的失火检测方法,以期快速、安全、准确地诊断汽油机的失火故障,减少汽油机失火造成的危害,已经刻不容缓。

参考文献

[1] Lee D et al. Detection Of Partial Misfire in IC Engines Using Measurement Of Crankshaft Angular Velocity . SAE 951070.

[2] Klenk M et al . Misfire Detection by EvMuation Crankshaft Speed——A Means to Comply with OBD Ⅱ. SAE 930399.

[3] Rizzoni G. Diagnosis of lndividual Cylinder Misfires by Signature Analysis of Crankshaft Speed Fluctuations. SAE 890884.

[4] AuzinsJ et al. Ion—Gap Sense in Misfire Detection, Knock and Engine COntr01. SAE 950004.

范例三

汽车电控系疑难故障诊断中的模拟技术

交通部呼和浩特交通学校　赵仁杰

内蒙古农牧学院　李　林

摘　要：为适应现代汽车机电一体化的高新技术发展需要,针对汽车电控系疑难故障诊断中的模拟技术进行分析和探讨。介绍了汽车电控系疑难故障的种类、性质和含义,探讨了故障诊断中模拟技术的分类和技术内容,旨意为完善和提高现代汽车维修理论提供科学依据。

主题词：电控系统　故障诊断　模拟技术

1　前言

随着科学技术的发展,汽车结构越来越复杂,尤其是电子计算机控制技术在汽车上广泛地应用,使得汽车机电一体化的高新技术程度不断提高,汽车电控技术已成为衡量世界各国现代科技水平的重要标志。本文根据汽车维修行业新形势的需要,针对汽车电控系疑难故障诊断中的模拟技术进行了分析和探讨,旨意为完善和提高汽车维修中故障诊断的技术水平而提供科学依据。

2　汽车电控系故障中的疑难故障

汽车电控系故障可以分为常见故障和疑难故障两种。如果电控系有明显的异常症状时,经仪器检测、车载自诊断或依靠维修经验能顺利确定的,这种故障称为常见故障,其诊断较为容易。电控系疑难故障是指在利用仪器检测未能发现,使用车载自诊断仍不能确定,以及依靠维修经验还不能诊断的故障。疑难故障存在多重性,是汽车电控系故障诊断中的技术难点,随着汽车高新技术的不断发展,汽车电控系疑难故障也呈逐渐增加的趋势。归纳实际维修工作中疑难故障出现的概率,总结疑难故障存在的性质,大体可分为以下五种情况。

2.1　潜伏性故障

潜伏性故障是指汽车电控系确实存在故障,但是没有明显的故障症状,故障原因难以查明。它的症状表现为电控系故障特征不明显,通常为汽车电控系故障的隐蔽性状态。

现代汽车电控系中有许多精密的电子元器件,它们共同承担全车各种性能参数的检测,并为电子计算机提供控制的原始依据。尤其是涉及汽车安全性和可靠性的技术参数,对现代高速汽车来说至关重要。如果电控系出现潜伏性故障后,大多数故障隐藏很深,平时很难发现,通常是在特定情况下其症状才有所显示。由此看来,潜伏性故障的危害相当严重,尤其对性能优越与控制方式较多的高级轿车,应特别注意车辆的日常维护和性能检测。

例如,检修某本田市民 NEC 型轿车时,接通点火开关,仪表板显示均正常,只有安全气囊(SRS)警示灯不亮(正常时,接通点火开关警示灯亮6s后熄灭)。经检查发现该车的24号SRS熔断丝未装,重新装入后SRS警示灯不熄灭。通过检测16位管脚的测试座电压,1号管脚电压为8.75V,13号管脚电压为5.5V,均为异常电压值。最后确定故障为SRS触发开关与碰撞传感器均短路,这意味着撞车后安全气囊不引爆,该潜伏性故障隐藏着恶性后果。

2.2 间断性故障

间断性故障是指汽车电控系出现故障后,症状表现很不确定,即时而出现、时而又消失,故障原因难以查明。它的症状表现为电控系故障特征极不稳定,通常为汽车电控系故障的断续性状态。

现代汽车电控系相当复杂,有上千个电子元件、上百个插接件、几十个传感器和执行器。如果一个元件、一处插接件、一个传感器和执行器松动或接触不良,都会引起电控系产生间断性故障。在查找间断性故障的过程中,利用仪器检测或调出车载自诊断码往往无济于事。若采用维修经验方法查找,反而比仪器和自诊断码更为简单、快捷。

例如,某日产尼桑轿车VG30E型电喷发动机运转不稳,伴有间歇性喘抖。调出自诊断码均无故障码显示。在电喷发动机运转下,采用疑难故障诊断的模拟技术检测,用手轻微摇晃各个插接件,当进行到空气流量计的5号管脚插座时,电喷发动机转速有明显的升降变化。初步断定为接触不良的间断性故障。经过打磨和紧固5号管脚插接件后,电喷发动机运转恢复正常。

2.3 交叉性故障

交叉性故障是指汽车同时出现机械、液压、油路和电控系综合故障后,非电控系故障交叉掩盖电控系故障,故障原因难以查明。它的故障表现为电控系故障特征极不明显,通常为汽车电控系故障的错觉性状态。

汽车出现交叉性故障后,各种不同性质的故障混为一体,故障症状相互混淆,使维修人员形成判断错误。维修人员根据以往经验,一般偏重诊断机械故障,而且习惯解体后进行检查。这样,不仅掩盖了电控系故障,而且造成盲目拆卸,极易产生不应有的人为故障,给维修工作带来困难。

2.4 虚假性故障

虚假性故障是指汽车电控系出现单一故障后,由于汽车处于运转的状态下,使得故障损坏程度进一步延伸并恶化,将电控系故障以非电控系故障的症状显示,故障原因难以查明。它的故障表现为完全以虚假的非电控系故障出现,通常为汽车电控系故障的假象性状态。

当汽车电控系中的传感器出现故障时,其测定的信号参数出现异常,电控单元接收到虚假的信号参数,则以异常数据进行程序控制,其结果必然引起汽车控制程序紊乱,造成故障的恶性循环,给汽车结构带来严重的损坏。

例如,某马自达626型轿车V6电喷发动机,夏季起动后约5min,电喷发动机前上部出现轻微的金属敲击声,随后异响逐渐恶化,在10min左右电脑控制系统强制发动机熄火。此后,驾驶人先后采用更换新蓄电池、并联两块新蓄电池等方法,电喷发动机仍不能起动。检测中调出电控系自诊断码显示为电喷发动机水温塞CIS故障,在进一步确定水温塞故障后,更换了水温塞,电喷发动机恢复正常。这是一例典型的虚假性故障,在水温塞CIS断路后,电阻值为曲,输送给电子计算机的冷却液温度信号确定为00C冷车状态,将电喷发动机喷油量控制在"起动加浓"。过浓的可燃混合气经活塞下泄,冲淡了油底壳内的机油,使之逐渐失去润滑作用,在暖车后故障症状急剧恶化,尤其是造成电喷发动机上部运动件严重的异响。

2.5 误导性故障

误导性故障是指汽车电控系出现故障后,由于驾驶人错误描述或车载自诊断码紊乱出现误导,维修人员不假思索地照搬硬套,而造成新的电控系故障。它的表现为过分依赖于驾驶人和车载自诊断故障码,通常为汽车电控系故障的盲目性状态。

汽车电控系的程序设计,是根据汽车的不同工况,预先设定运行方案存储于电控单元中。对于各种传感器输入电控单元的参数,经电控单元内部的 A/D 参数转换,组成各种运行方案的地址码。当某一个传感器参数发生变化时,必然引起地址码的变化,使其对应的运行方案也发生变化。当某一个传感器损坏后,其参数超过正常值范围,电控单元就只能调用备用参数来代替错误的传感器信号,以维持汽车最基本的工作,并记录下故障码。如果传感器输入电控单元的信号参数,远远超出车载电控单元的逻辑判断范围,这样电控单元就会产生错误的故障码,通常称为"假码"。在一些传感器损坏后,有时会产生较大的电磁波干扰,严重影响电控单元的正常工作,引起电控单元输入故障码的紊乱,通常称为"乱码"。另外,由于电控系控制单元所检测的参数有些是间接参数,故障码所反应的不是某个器件的状态,而是某个系统的状态。如果简单地认为某个器件损坏,就可能产生误导。在实际诊断过程中,对自诊断系统的诊断结果,往往还需要对故障原因进一步地进行深入确定与检测。所以,仅仅依靠驾驶人描述或车载自诊断系统,是不能妥善解决汽车电控系所有故障问题的。

3 汽车电控系疑难故障诊断中的模拟技术

现代汽车电控系的结构复杂、电路特殊、理论较深,还具有相当程度的抽象性,远不如机械结构那样直观。同时,汽车电控系的疑难故障又具有潜伏性、间断性、交叉性、虚假性和误导性,无疑给疑难故障的诊断带来了相当大的难度。即使维修人员经验丰富、技术熟练,如果不经过科学分析和模拟验证就盲目拆卸或更换,不仅给用户造成不应有的经济损失,有时还会导致更多的人为故障,以驾驶人的说法"治聋不成,反而治哑"。汽车电控系疑难故障诊断中的模拟技术,实际上就是以调查研究和科学试验方式,让待修车辆以相同或相似的条件和环境再现其故障,然后经过模拟验证和分析判断后,确切诊断出故障部位并加以排除。若将模拟技术的试验性理论进一步延伸,还可以得到许多新的检测方法和操作技巧。实践证明,汽车电控系疑难故障诊断中的模拟技术,是汽车维修技术中一种行之有效的科学方法,具体介绍如下。

3.1 环境模拟法

汽车电控系有一些故障发生在特定环境中。例如,电喷发动机冷车时无故障,暖车后故障症状出现。汽车行驶时电喷发动机有故障,而停驶时诊断无故障。当电控自动变速器出现故障后,汽车在乎坦道路与坎坷道路上行驶时,故障症状表现不一致。在清洗汽车后或雨天时,电喷发动机出现运转不平稳、产生喘抖等现象。这些特定的外界环境,使电控系产生故障的主要原因是:由于电子元器件对颠簸、发热、潮湿等因素非常敏感所致。对由环境因素所造成的故障,一般常用以下三种环境模拟法进行诊断。

3.1.1 振动法

针对某些怀疑有故障的元器件、导线束、插接件、传感器、执行器等进行敲打(用锥柄敲击、用手拍打)和摇摆(导线及插接件进行垂直、水平方向摇摆和前后拉动),以检查是否存在虚焊、松动、接触不良、导线断裂等故障。操作时注意不可用力过大,以免损坏电子器件。尤其在拍打继电器部件时,千万不可用力过度,否则将会引起继电器开路。利用振动法进行模拟检测时,应随时注意被检装置的反应,以确定故障部位。

3.1.2 加热法

针对某些怀疑有故障的元器件、导线束、插接件、传感器、执行器等进行局部加热,检查故障是否出现。加热器具宜选用电热风机或类似的加热器,加热时不可直接加热ECU中的电子元器件,加热温度不得高于80℃在汽车电控系出现软性故障(发动机起动后或电子设备开机后,经过一段时间故障才出现)时,说明有电子元器件出现软击穿(达到一定热度后异常,冷却后又恢复正常)故障。这时应根据故障出现的现象,初步确定需要加热的部位或元器件,在起动或开机的状态下,用20W的电烙铁进行烘烤,顺序是先晶体管、集成块,后是阻容元件。当烘烤到哪个部位或元件时故障出现,说明该部位或元件为故障源,应更换新件。

3.1.3 加湿法

当故障发生在雨天或洗车之后时,可使用加湿法(用水喷淋汽车外部)进行高湿度环境模拟。喷淋前应对电子设备予以保护,以免积水锈蚀电子设备。喷水角度应尽量喷到空中,让水滴自由落下。

3.2 增减模拟法

在诊断汽车电控系疑难故障的模拟技术中,针对油路、电路故障常采用增减模拟法。它是利用油路、电路中增减载荷模拟验证油路、电路的故障症状,以诊断由载荷(负荷)而引起的疑难故障。

例如,某现代奏鸣曲2.4iG4B型电喷发动机,运转不平稳,耗油量大,怀疑电喷发动机供油系有泄漏故障。为尽快查找故障部位,采用增减供油管路的油压来直观检查。检查方法:起动电喷发动机后,踩加速踏板使电喷发动机增速,此时供油系管路压力保持在规定值的下限,片刻后突然放松加速踏板使电喷发动机骤然减速,这时供油系管路压力急剧回升,在高油压下很快发现了泄漏部位。

由载荷(负荷)大小所造成的故障,必须在与产生故障时相似的载荷条件下再现,一般常用以下两种增减模拟法进行诊断。

3.2.1 增加法

当怀疑故障可能是由于油路载荷过大而引起,而故障症状的表现又不明显时,可采用增加法来进行模拟验证。即不断增加油路的载荷,使故障部位和症状充分显示出来,便于诊断和排除故障。

对于电路中由于用电负荷过大而引起的故障,可以接通车辆所有的用电设备,如加热器、刮水器、鼓风机、空调、冷却风扇、前照灯等,在增加负荷的情况下,检查是否发生故障,以便进行诊断和排除。

3.2.2 减少法

在检测由于局部电路短路引起负荷过大,烧断熔断丝的故障时,常采用减少法来模拟诊断故障。这种方法在实际维修工作中,使用起来比较方便。只要将各路负载逐一减少,一般就会很快找到短路的故障部位。

当某一个局部电路出现短路故障时,通过它的电流就会大大增加。这时如果采用其他方法检测,在检测时间较长时就会导致其他故障(烧坏元器件)。使用减少法诊断,将一部分电路断开,用万用表测量电阻、电压、电流,以此来诊断故障。使用最多的是测量电流,观察总电流的变化,就可以诊断出故障的大致范围,又不至于损坏其他电路或电子元器件。如果断开被怀疑的某一电路后,总电流立即降为正常值,则说明故障就在这一电路中。

3.3 输入模拟法

技术人员在维修工作中,经常会遇到电路被改动的待修车辆,给诊断汽车电控系故障带来许多困难。例如,车载自诊断检测不能进行,原车的电路图也不能直接使用,维修前还要辨清被改动的电路部分。在这种情况下,通常采用输入模拟法进行电路的故障诊断。输入模拟法实质上就是,怀疑电路中某些元器件有故障,将电路参数(电阻、电压、电流)输入到相关的元器件,进行模拟验证后诊断故障。下面介绍三种基本方法。

3.3.1 电阻法

电阻法(又称串联法)是以电阻元件代替某些怀疑损坏的电阻式传感器,进行模拟验证,以便诊断该传感器是否损坏。例如,怀疑水温塞是否损坏时,可将一只与水温塞阻值相似的电阻,串接在水温塞的插接器上,进行模拟验证,以便诊断该水温塞是否存在故障。

3.3.2 电压法

电压法(又称并联法)是以外接电压或用合适的元器件,来代替某些怀疑损坏的传感器,进行电压信号模拟验证,以便诊断该传感器是否损坏。由于经电压信号模拟还可以诊断除了损坏的传感器以外其他电子设备性能的好坏。

例如,某现代奏鸣曲 2.4iCl3 型轿车 B 型电喷发动机,不能起动(起动系正常),怀疑电喷发动机点火系中的曲轴位置传感器(在分电器内)损坏。经万用表检测,发现没有曲轴转角信号输入电控单元,利用外接辅助电阻线给电控单元输入该电压信号,同时起动电喷发动机,在触碰下电喷发动机可以运转,这样进一步确定故障出在曲轴位置传感器上,更换分电器后正常。

3.3.3 电流法

在汽车电控系的故障检测中,利用万用表的电流挡,给怀疑有故障的电阻式元器件施加电流,即模拟电子元器件工作状态去诊断故障,该方法诊断故障较为精确、实用。例如,在诊断汽车电控系电子设备的故障时,经初步诊断后,可通过模拟晶体管的导通状态,去判断电子设备工作性能。用万用表的电流挡给基极输送电流,设法使晶体管导通,进而触发电子设备进入工作状态,以诊断故障部位。

3.4 状态模拟法

状态模拟法是根据汽车电控系故障诊断时,将电子电路中怀疑有故障的元器件某电路状态改变,即将局部电路或某一元器件断电,或在通电状态下进行检测,以此来诊断故障。这种方法的优点是不将元器件从电路板上脱焊下来,而直接在电子设备上进行模拟检测。该方法使用方便、实用、诊断快捷。下面介绍两种检测方法。

3.4.1 断电法

当怀疑某晶体管有故障,以及对电路电压不清楚时,可采用断电法模拟诊断。使用较多的是晶体管基极电流切断法。即将发射极和基极之间暂时短路,其集电极负载电阻两端的电压降通常为0,如果能测到任何电压,即可诊断出晶体管损坏。还可以将万用表接在晶体管的集电极和发射极两端,然后再将基极和发射极之间短路,这时万用表的读数应为电源电压值。如果不是电源电压值,则可判断出晶体管损坏。

3.4.2 通电法

通电法是在电路通电状态下进行电压测定的方法,是检测汽车电控系电子设备中的晶体管和 IC 好坏的一种行之有效的方法。在晶体管处于放大状态时,分别测定硅管的电压为 $0.6 \sim 0.7\text{V}$,锗管的电压为 $0.2 \sim 0.3\text{V}$。

课题二　　科研课题文本范例

范例一

> 中华人民共和国交通部制
> 交科教发[2004]548号

交通部科技项目建议书

（字体黑体一号黑，居中，段落行距2倍，段前0.5行，段后0.5行）

项目名称：_____

建议单位：_____（公章）

申报日期：_____年___月___日

（字体宋体四号，段落间距2倍，段前0.5行）

基 本 信 息 表

项目名称	
建议单位	
联系人		联系电话	
主要研究内容	（100字以内）
主要技术经济指标	（100字以内）
创新点及可能获得的成果和知识产权	
建议经费概算	总投资		申请拨款	
建议完成年限		申报日期	

填写格式及说明

一、格式

纸张规格：A4；

页边距：左右 3.2cm，上下 2.8cm；

字体：宋体四号字；

段落间距：1.5 倍行距，段前 0.5 行。

二、主要填写内容及要求

项目建议单位要按照"交通部科技项目管理办法"中的有关规定与要求，编写项目建议书。建议书的主要内容如下：

1. 项目的背景和必要性（包括项目概况，项目研究目的）；

2. 项目前期科研及工作基础（包括国内外研究现状分析与评价，应附主要参考文献及出处）；

3. 项目实施内容、地点、期限；

4. 项目依托工程情况及其他必要支撑条件（包括依托工程的概况，投资来源，工程进度与项目科研进度的配合）；

5. 项目经费估算及资金筹措情况（包括项目总经费和年度经费预算，经费构成及构成比例，经费使用范围）；

6. 项目预期目标及经济、社会效益；

7. 建议单位意见及签章（包括单位的法人代表签字）；

8. 行业或业务主管部门意见及签章。

项目建议单位意见：

                                          （公 章）

                                    负责人（签字）：

                                     年   月   日

行业或业务主管部门的推荐意见：

                                          （公 章）

                                    负责人（签字）：

                                     年   月   日

注：部属或大型企业集团直接向部科技主管部门上报；其他单位按照行政隶属关系签署意见后上报。

范例二

中华人民共和国交通部制
交科教发[2004]548号

交通部科技项目
可行性研究报告

(字体黑体一号黑,居中,段落行距2倍,段前0.5行,段后0.5行)

项目名称:_____

编制单位名称:_____(公章)

编报日期:_____年____月____日

(字体宋体四号,段落间距2倍,段前0.5行)

填 写 说 明

一、填写格式

纸张规格:A4;

页边距:左右3.2cm,上下2.8cm;

字体:宋体四号字;

段落间距:1.5倍行距,段前0.5行。

二、主要内容

1. 项目概要;

2. 项目前期研究及工作基础(包括国内外同类技术研究现状分析及评价,应附主要参考文献及出处);

3. 项目研究、开发的背景、必要性(包括项目研究目的,市场需求前景或推广应用领域,达到的技术水平及在国民经济发展中的作用等);

4. 项目研究、开发实施方案(包括拟解决的关键问题,实施的具体内容及实施方案,拟采取的技术路线等);

5. 考核目标和技术经济指标(包括项目的具体考核目标,有关技术经济指标等);

6. 项目研究开发进度(包括年度工作计划安排,项目完成期限);

7. 承担单位及参加单位概括(包括单位概况,投资来源,单位研究开发基础及能力,项目主要负责人情况等);

8. 研究经费预算及资金筹措情况(包括项目总经费和年度预算经费,经费构成及构成比例＜包括部拨经费、配套经费、自筹经费＞,经费使用范围及使用明细等);

9. 经济和社会效益评估(包括提供主要分析指标及演算公式,市场占有率,形成的生产能力,利税、创汇或有关节约工程造价等);

10. 其他需要说明的问题;

11. 编写人员名单(见附表1);

12. 承担单位签章(包括单位的法人代表签字,加盖单位公章)(见附表2)。

附表 1

编 写 人 员 名 单

序号	姓名	单位	职务	职称	专业

附表 2

编写单位意见
（公 章）
负责人（签字）：
年　月　日

范例三

中华人民共和国交通部制
交科教发[2004]548号

任务书（合同）编号：　　　　　　密级：

（字体仿宋体小三号，段落行距1.5倍，段前0.5行）

交通部科技项目
任务书(合同)

（字体黑体一号黑，居中，段落行距2倍，段前0.5行，段后0.5行）

项目名称：_____

组织单位：_____

承担单位：_____

项目负责人：_____

起止期限：二〇____年____月至二〇____年____月

（字体宋体四号黑，左边距6cm，段落间距2倍，段前0.5行）

填写格式及说明

一、格式

纸张规格:A4;

页边距:左右3.2cm,上下2.8cm;

字体:宋体四号字;

段落间距:1.5倍行距,段前0.5行。

二、主要填写内容及要求

1. 本任务书(合同)系交通部科技主管部门为组织交通部科技项目研究而设计,任务书(合同)中委托方(甲方)为交通部科技主管部门,承担方(乙方)为项目承担单位,保证方为项目承担单位主管部门或其他部门。

2. 任务书(合同)应用钢笔填写或计算机打印,字迹要工整清楚。

3. 任务书(合同)编号由交通部科技主管部门统一编制。

4. 任务书(合同)附件应包含:项目可行性研究报告、可行性研究报告专家评审意见及评审专家名单。

一、项目的主要目的和主要研究内容

1. 项目的主要目的。
2. 主要研究内容(要解决的主要技术难点和问题,研究的创新点和内容等)。

二、项目的考核指标

1. 主要技术指标(如形成的新技术、新产品、新装置、专利、论文专著等数量、指标及其水平等)。
2. 主要经济指标(如技术及产品应用所形成的市场规模、社会经济效益等)。
3. 项目实施中形成的示范基地、中试线、生产线及其规模等。
4. 提交的成果及形式。
5. 其他应考核的指标。

三、项目的年度计划及年度目标

年度	项目的年度计划及年度目标
年	
年	
年	

四、成果及其形成的知识产权的归属与保护

五、项目承担单位、参加单位及主要研究人员

项目承担单位：

主要参加单位：

项目负责人

姓 名	性别	年龄	单 位	职称/职务	专 业	为本项目工作时间（%）	签 名

主要研究人员

六、项目经费

单位:万元

经费来源预算		经费支出预算	
科　　目	预算数	科　　目	预算数
来源预算合计		支出预算合计	
一、拨款①		一、人员费	
二、贷款		其中:项目负责人	
三、地方配套②		主要研究人员	
四、单位自筹(含工程配套)		二、相关业务费	
五、其他来源		1. 材料费	
		2. 燃料及动力费	
		3. 试验费③	
		4. 会议费④	
		5. 差旅费⑤	
		三、设备费	
		1. 购置费	
		2. 试制费	
		四、管理费⑥	
		五、其他费用	

注:①拨款:指由国家或交通部的拨款;
②地方配套:指地方交通主管部门或科技主管部门的配套拨款;
③试验费:指项目研发过程中所发生的房屋、设备器材、公共设施等租赁费用、带料外加工费用及委托外单位或合作单位进行的试验、加工、测试等费用;
④会议费:指组织召开与项目研究有关的专题技术、学术会议的费用;
⑤差旅费:指为项目研究开发而进行国内外调研考察、现场试验等工作所发生的交通、住宿等费用;
⑥管理费:指项目承担单位为组织管理项目而支出的各项费用。包括现有仪器设备和房屋使用费或折旧、直接管理人员费用和其他相关管理支出。管理费的费用占项目经费总预算的比例(一般为5%)根据承担单位的性质分别核定。

七、签订各方意见

交通部科技教育司(委托方(甲方))　　　　　　　　　(公章)

　　负责人(签字):　　　　　　　　　　　　　　年　　月　　日

　　联系人(签字):　　　　　联系电话:

承担单位(承担方(乙方))

　　单位负责人(签字):　　　　　　　　　　　　(公　章)

　　项目负责人(签字):　　　联系电话:　　　　年　　月　　日

　　财务负责人(签字):

　　账　户　名:

　　账　　　号:

　　开户银行:

承担方主管部门或其他部门(保证方)　　　　　　(公　章)

　　负责人(签字):　　　　　　　　　　　　　　年　　月　　日

　　联系人(签字):　　　　　联系电话:

八、共同条款

任务(合同)各方共同遵守交通部科技项目管理办法(以下简称"办法")。

1. 承担方(乙方)必须按要求编报年度计划执行情况、下一年度经费预算和有关统计报表,逾期不报,委托方(甲方)有权暂停拨款。

2. 项目执行过程中,承担方(乙方)如需调整任务,应根据"办法"中有关规定,向委托方(甲方)提出变更内容及其理由的申请报告,经委托方(甲方)审定批准后实施。未接到正式批准书以前,双方须按原任务书(合同)履行,否则后果由自行调整的一方负责。

3. 承担方(乙方)因某种原因(如:与可行性研究内容有出入、挪用经费、技术措施或某些条件不落实等)致使计划无法执行,而要求中止任务,应视不同情况,部分、全部退还所拨经费;如承担方(乙方)没有提出中止任务的要求,委托方(甲方)可根据调查情况有权中止研究任务。

4. 承担方(乙方)承担任务所需拨款按国家科技经费使用范围开支。

5. 委托方(甲方)根据科技经费的财务管理制度的规定,监督经费的使用情况。凡不符合规定的开支,委托方(甲方)有权直接提出调整或撤销意见。

6. 项目执行过程中,委托方(甲方)无故中止任务时,所拨经费、物资不得追回,并承担善后处理所发生的费用。委托方(甲方)提出变更任务书(合同)有关内容时,要与承担方(乙方)协商达成书面协议。

7. 若项目承担单位的上级主管部门或其他部门,承诺项目实施需要的配套条件,须在项目任务书(合同)保证方栏加盖公章。

8. 本任务书(合同)签订各方均负有相应的责任。若有争议或纠纷时,按科技项目有关管理办法有关条款处理。

9.任务书(合同)正式文本存委托方(甲方)两份、承担方(乙方)各单位一份、保证方一份。

10.本任务书(合同)所协议的其他条款如下:

①

②

附表1

信 息 表

任务书(合同)编号					
项目名称					
密级	( )1.绝密 2.机密 3.秘密 4.公开		参加单位总数		个
第一承担单位	名称				
	单位所在地	省(市、区)		代码	
	通信地址			邮编	
	单位性质	( )1.大专院校 2.科研院所 3.企业 4.其他		代码	
	上级行政主管部门			代码	
其他主要承担单位	序号	单 位 名 称			
项目负责人	姓名		性别( )1.男 2.女	出生年	19 年
	学历	( )1.研究生 2.大学 3.大专 4.中专 5.其他			
	职称	( )1.高级 2.中级 3.初级 4.其他			
	联系电话		E-mail		
项目组人数		高级	中级	初级	其他
起始时间		年 月	终止时间		年 月
项目活动类型	( )1.基础研究 2.应用基础研究 3.应用开发 4.产业化开发 5.其他				
所属技术领域	( )1.信息 2.自动化 3.材料 4.能源 5.交通 6.农业 7.资源 8.环境 9.生物医药 10.社会事业 11.其他				
项目技术来源	( )1.国内技术 2.国外技术 3.本单位自主开发				
主要研究内容 (100字以内)					
预期成果形式	( )1.新技术 2.新工艺 3.新产品(含农业新品种、计算机软件) 4.新材料 5.新装备 6.论文论著 7.研究(咨询)报告 8.其他				
预期取得专利	( )1.国外发明专利 2.国内发明专利 3.其他				
经费投入	总经费	万元	拨款		万元

信息表填表说明

1. 带( )的条目,根据条目后所列选项,请在"( )"内填写相应的数字即可。

2. 承担单位:指项目任务书(合同)的承担方(乙方)。项目承担单位所在地:所在地只填到所在省、自治区、直辖市。代码按所附代码表填写。

3. 承担单位性质,先按所列大类选填数字,代码请根据本单位的情况按所附代码表填写。

4. 承担单位上级行政主管部门及代码,根据承担单位上级行政主管单位的隶属情况填写,凡隶属于地方的,填写所隶属的省、自治区、直辖市科技厅(委)代码,凡隶属于国务院部委及其直属单位的,填写国务院部委代码请按所附代码表填写。

5. 参加单位总数:包括承担单位、合作单位、协作单位在内的单位总数。

6. 承担单位名称:按公章的详细名称填写。地址应详细到县(区)、街(路)门牌号。

7. 项目负责人:按项目任务书(合同)填写。

8. 项目组人数:包括项目负责人在内的参加该项目研究工作的所有人员。

范例四

> 中华人民共和国交通部制
> 交科教发[2004]548号

交通部科技项目
执行情况报告

(字体黑体一号黑,居中,字体加宽10磅,段落行距2倍,段前0.5行,段后0.5行)

项目编号：_____

项目名称：_____

承担单位：_____(公章)

项目负责人：_____

(字体宋体四号黑,左边距6cm,段落间距2倍,段前0.5行)

填 写 说 明

一、填写格式及要求

1. 格式。

纸张规格：A4；

页边距：左右3.2cm，上下2.8cm；

字体：宋体四号字；

段落间距：1.5倍行距，段前0.5行。

2. 项目执行情况报告要求文字简练，一般不超过3000字。

3. 涉及需保密的内容请在报告中注明密级。

二、主要内容及时间要求

每年5月31日至11月30日前，项目执行情况表由承担单位填写，由保证方盖章后一式两份上报交通部科技主管部门。

1. 项目总体进展情况概述（包括项目总体进度、经费使用情况、本年度参加研究全时人数等）。

2. 本报告期所开展的工作及计划执行情况（按项目分述）。

3. 已取得的成果情况（包括已鉴定成果、已取得专利、已发表论文、已建立中试线等的简要描述）。

4. 组织管理经验、存在问题及建议。

5. 交通部科技项目执行情况表（附表1）。

附表1

交通部科技项目执行情况表

项目编号	
项目名称	
承担单位	（公章）
项目起止时间	
进展情况（ ）	1.按计划进行 2.进度超前 3.拖延 4.停顿 5.申请撤销
进展情况为3.4.5.时选填主要原因（ ）	00.技术变化 10.计划性调整 20.设备、材料不落实 30.协作关系影响 41.拨款不到位 42.贷款不落实 50.市场变化 60.技术骨干变动 70.立题不当 80.不可抗拒因素 90.其他
项目调整内容（ ）	1.调整目标 2.调整技术路线 3.调整技术骨干 4.调整资金投入 5.调整计划进度
参加研究工作人员	总　　数	人
	其中:高级职称	人
	中级职称	人
	初级职称	人
	其他人员	人
投入研究的工作量	人月	
培养人才	取得博士学位	人
	取得硕士学位	人
本年度主要研究工作		

已取得的成果	1.论文_____篇　2.新产品、新材料、新装置_____项 3.其他成果_____项		
已获得的专利	1.国外发明专利_____项　2.国内发明专利_____项 3.其他专利_____项		
经费到位情况	拨款总经费		万元
	已拨经费		万元
	未拨经费		万元
	地方配套总经费		万元
	已经落实配套经费		万元

承担单位意见:

(公章)
年　　月　　日

保证方意见:

(公章)
年　　月　　日

范例五

| 中华人民共和国交通部制 |
| 交科教发[2004]548号 |

交 通 部 科 技 项 目
验 收 材 料

(字体黑体一号黑,居中,段落行距2倍,段前0.5行,段后0.5行)

项目编号：_____

项目名称：_____

承担单位：_____(公章)

项目负责人：_____

上报日期：_____年____月____日

(字体宋体四号黑,左边距6cm,段落间距2倍,段前0.5行)

交通部科技项目验收文件清单

承担单位申请验收时,应提供以下验收文件、资料,以及一定形式的成果(样机、样品等),供验收单位或评估机构审查:

1. 项目合同书或交通部科技项目任务书;

2. 交通部有关部门对项目的批件或有关批复文件;

3. 项目验收申请表(见附表1);

4. 项目工作报告;

5. 项目研究报告(附科技成果鉴定(评审)意见);

6. 项目已获成果、专利一览表(含成果登记号、专利申请号、专利号等);

7. 研制样机、样品的图片及数据;

8. 有关产品测试报告或检测报告及用户使用报告(见附表2、附表3);

9. 建设的中试线、试验基地、示范点、示范工程一览表(见附表4);

10. 购置的仪器、设备等固定资产清单;

11. 项目经费的决算表(见附表5)。

附表1

交通部科技项目验收申请表

项目编号	
项目名称	
承担单位	
项目起止时间	
申请验收时间	联系人： 联系电话：
提供验收的技术文件清单	
承担单位意见	 （公章） 年　月　日
保证方意见	 （公章） 年　月　日

附表2

有关产品测试或检测报告

项目编号	
项目名称	
承担单位	
项目起止时间	
测试、检测产品名称	

测试报告：

                          测试、检测专家组组长：_____
                                  年   月   日
                                  （纸面不敷，可另加纸）

附表 3

项目成果用户使用报告

项目编号	
项目名称	
应用单位名称	
通信地址(邮编)	
成果应用起止时间	

应用情况、社会经济效益(含计算过程)：
                应用单位(公章) 年　月　日 (纸面不敷,可另加纸)

附表4

交通部科技项目试验基地、中试线、示范点、示范工程等一览表

项目编号及名称：_____

承担单位：(公章)_____

序号	试验基地、中试线、示范点及示范工程名称、地点	规模、任务	所属单位及通信地址、邮政编码
1			
2			
3			
……			

注：1. 此表以项目(或课题)为单元，按工程顺序填写。
2. 包括扩大试验车间、中试车间、数据库等基础设施。

附表5

交通部科技项目经费决算表

项目编号			承担单位		
项目名称					

收 入			支 出	
科 目	预算数(万元)	实际数(万元)	科 目	金额(万元)
合 计			合 计	
拨款			一、人员费	
贷款			1. 课题负责人	
地方配套			2. 主要研究人员	
单位自筹(含工程配套)			二、相关业务费	
其他来源			1. 材料费	
			2. 燃料及动力费	
			3. 试验费	
			4. 会议费	
			5. 差旅费	
			三、设备费	
			1. 购置费	
			2. 试制费	
			四、课题管理费	
			五、其他费用	

承担单位负责人(签字)：

财务负责人(签字)：

(公章)
年 月 日

范例六

> 中华人民共和国交通部制
> 交科教发[2004]548号

交通部科技项目
验收意见通知书

(字体黑体一号黑,居中,段落行距2倍,段前0.5行,段后0.5行)

项目编号：_____

项目名称：_____

承担单位：_____（公章）

验收日期：二〇____年____月____日

(字体宋体四号黑,左边距6 cm,段落间距2倍,段前0.5行)

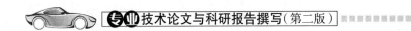

填 写 说 明

1. 格式

纸张规格:A4 页;

边距:左右 3.2cm,上下 2.8cm;

字体:宋体四号字;

段落间距:1.5 倍行距,段前 0.5 行。

2. 项目验收意见通知书由部科技主管部门编制盖章下发,一式四份,部科技主管部门留两份、项目承担单位和项目组各留一份,如第一承担单位为多家,则以具体数量下发。

3. 交通部科技项目验收通知书。

4. 交通部科技项目验收意见表(附表2)。

××××××××(项目承担单位):

你单位承担的交通部科技项目××××××(以项目任务(合同)书的内容填写)(编号:×××××)(以项目任务(合同)书的内容填写),于20××年××月××日在×××(地点)通过了验收委员会的验收,经过讨论一致同意通过验收,验收意见附后(见附件),请你单位根据验收委员会的意见,按照《交通部科技项目管理办法》相关规定继续做好项目的后期研究和成果登记等工作。

特此通知。

(公章)

年　月　日

验 收 意 见

验收委员会主任：_____
　　　副主任：_____
　　　副主任：_____
　　　　　　年　月　日
（纸面不敷，可另加纸）

附录 A
××××学院专业技术论文撰写格式规范

一、样式

文章打印用 A4 纸。上下左右页边距为：25、15、25、15mm。全文 1.5 倍行距

减速型起动机使用与维修

题名小三号宋体

摘　要　减速型起动机×××。

宋体小四号。字数控制在 200~300 字以内

关键词　起动机　使用　×××　××××

3~6 个词，宋体小四号。词间用逗号或空一格，最后无标点

与正文之间空一行

切诺基汽车采用永磁式减速型起动机。×××。

1　减速起动机的结构

小标题层次采用阿拉伯数字编号，编号后无点，空一格

1.1　直流电动机

直流电动机的磁极采用永久磁铁，××见表1，××结构如图1所示。

正文全部宋体小四号，表图内文字用五号

表1　××比较表　　　　　　　　　单位：元

项目	事例	数据1	数据2
01	修理	12.30	1145.30
02	维护	1114.80	--
	合计	1127.10	1145.30

表的左右开放，不画线

表名，表内文字全部宋体五号，保留小数位一致，表内空白表示无此项，"—"、"…"表示未发现

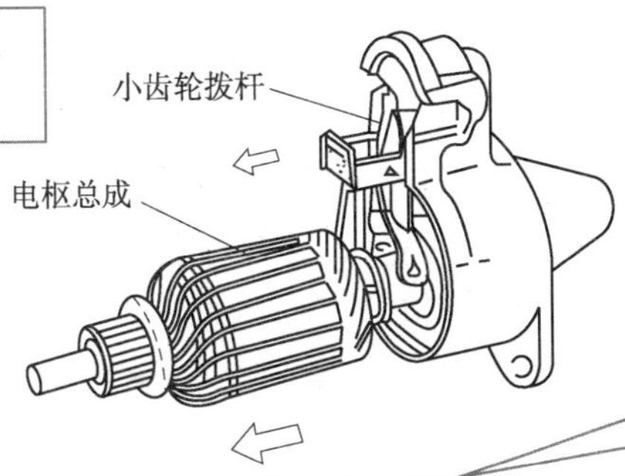

图1　××结构图

图名和图中文字全部宋体五号。标注多时用数字标示，但在图名下注明

小齿轮拨杆

电枢总成

电流校核可依据欧姆定律（公式1）。

$$I = \frac{U}{R} \quad \cdots\cdots\cdots\cdots\cdots\cdots\cdots\cdots\cdots\cdots\cdots\cdots\cdots\cdots\cdots\cdots (1)$$

（参考文献与正文之间空一行，"参考文献"四字黑体小四号）

（公式用斜体，可用公式编辑器编写。并标有编号）

参考文献

[1] 李凯源.汽车电器结构与原理[M].北京：人民交通出版社，1993.

[2] 刘彪.现代汽车电器中的载荷分布分析[J].汽车电器，1994，（5）：22-25.

[3] QC/T 490-2000，汽车车身制图[S]

（宋体小四号）

（M表示专著，C为论文集，N报纸，J期刊，S为标准，OL为网络，EB为电子公告。注意：作者、书名后是圆点）

二、要求

（1）纸张：A4纸。上下左右页边距为：25、15、25、15mm。全文1.5倍行距。WORD文档。

（2）封面：采用学院规定的统一封面，封面上的内容一律由本人用钢笔填写或打印，必须正确无误，不留空栏；论文题名不宜过长，一般不超过36字。

（3）摘要：字数300字以内。"摘要"为小四号黑体字，居左。摘要内容宋体小四号。

（4）关键词：3~6个词，"关键词"为小四号黑体字，内容为宋体小四号。词与词之间用逗号分隔，最后一个关键词后不用标点符号。

（5）正文：正文采用宋体小四号。正文中所有非汉字均用Times New Roman体。

（6）插图：插图的大小应适中、美观，优先用线描图。可以用照片。图名称位于图的正下方，用宋体五号字。按顺序编号，例如图1，或图1-1。

（7）表格：表名称位于表的正上方，表名与表的内容用宋体五号字；按顺序编号，如：表1，或表1-1。

①表的上、下端用粗线或双线，左右开放不用画线，指标名称和合计栏必须画线，中间分组处可以不画线，如果画线一定要用细线。

②同一栏的数位必须对齐，小数位保留要一致。表中空白表示无此项，表中"—"、"…"表示未发现，必要时应加下注。

③当整个表仅有一个计量单位时，应将计量单位置于表的右上方紧贴上端线处。如果是多个，可设计量单位栏，或者将计量单位加括号置于指标名称后。

④有关的文字说明应置于表下方，不可写在栏内。

（8）公式：数学公式用斜体，按顺序编号。公式书写应在文中另起一行。

（9）参考文献：参考文献与正文空一行。用黑体小四号。

①参考文献一般应是正式出版、发表过的著作、文章和技术标准。

②按照论文中参考文献被引用的先后顺序,用阿拉伯数字连续编号,将序号置于方括号内,正文中凡引用参考文献的地方应加注。

③列出的参考文献应与论文内容相关,不漏写、错写。

④参考文献中作者为3人或不少于3人应全部列出,3人以上只列出前3人,中文后加"等",英文加"et al";作者姓名之间用逗号分开。

⑤参考文献类型在文献题名后用方括号加以标引,以单字母方式标志以下各种参考文献类型,见表1~表3。

参考文献类型及文献类型标识　　　　　　　　　　　表1

类型	专著	论文集	报纸文章	期刊文章	学位论文	报告	标准	专利
标识	M	C	N	J	D	R	S	P

电子参考文献类型及其标识　　　　　　　　　　　表2

类型	数据库	计算机程序	电子公告
标识	DB	CP	EB

电子文献载体类型及其标识　　　　　　　　　　　表3

类型	磁带	磁盘	光盘	联机网络
标识	MT	DK	CD	OL

(10)参考文献著录格式及示例。

①专著著录格式。

[序号]著者(用逗号分隔).书名[M].版本(第一版不写).出版地:出版者,出版年.

例:[1]李凯源.现代应用文写作[M].北京:中国商业出版社,1993.

例:[2]孙家广,杨长青.计算机图形学[M].北京:清华大学出版社,1995.26-28.

②期刊著录格式。

[序号]作者.题名[J].刊名,出版年份,卷号(期号):起止页码.

例:[3]刘彪.现代市场经济中的银企关系分析[J].经济研究,1994,(5):22-25.

③论文集著录格式。

[序号]作者.题名[A].见(英文用In):主编.论文集名[C].出版地:出版者,出版年.起止页码.

例:[4]张佐光,张晓宏,仲伟虹,等.多相混杂纤维复合材料拉伸行为分析[A].见:张为民编.第九届全国复合材料学术会议论文集(下册)[C].北京:世界图书出版公司,1996.410-416.

④学位论文著录格式。

[序号]作者.题名[D].保存单位,年.

例:[5]金 宏.导航系统的精度及容错性能的研究[D].北京:北京航空航天大学自动控制系,1998.

⑤科技报告著录格式。

[序号]作者.题名[R].报告题名及编年,出版年.

例:[6]Kyungmoon Nho. Automatic landing system design using fuzzy logic[R]. AIAA-98-

4484,1998.

⑥国际、国家或行业标准著录格式。

[序号]标准编号,标准名称[S]。

例:[7]QC/T 490—2000,汽车车身制图[S]。

⑦电子文献著录格式。

[序号]作者.题名[电子文献/载体类型标识].电子文献的出处或可获得地址,发表或更新日期/引用日期.

例:[8]王明亮.关于中国学术期刊标准化数据系统工程的进展[EB/OL].http://www.cajcd.edu.cn/pub/wml.txt/980810-2.html,1998-08-16/1998-10-04.

⑧报纸著录格式。

[序号]主要责任者.文献题名[N].报纸名,出版日期(版次).

例:[9]李明.论人道与人道主义[N].人民日报,1992-03-15(8).

附录 B
校对符号及其用法
Proofreader's marks and their application

(GB/T 14706-93,国家技术监督局1993年11月16日批准,1994年7月1日起实施)

1　主题内容与适用范围

　　本标准规定了校对各种排版校样的专用符号及其用法。

　　本标准适用于中文(包括少数民族文字)各类校样的校对工作。

2　引用标准

　　GB 9851　印刷技术术语

3　术语

　　3.1　校对符号 proofreader's mark

　　以特定图形为主要特征的、表达校对要求的符号。

4　校对符号及用法示例

编号	符号形态	符号作用	符号在文中和页边用法示例	说　明
一、字符的改动					
1		改正	增高出版物质量。 改革开放	改正的字符较多,圈起来有困难时,可用线在页边画清改正的范围 必须更换的损、坏、污字也用改正符号画出
2		删除	提高出版物物质质量。	
3		增补	要搞好校工作。	增补的字符较多,圈起来有困难时,可用线在页边画清增补的范围
4		改正上下角	16＝42 H_2SO_4 尼古拉·费欣 0.25＋0.25＝0.5 举例:2×3＝6 X:Y＝1:2	

续上表

编号	符号形态	符号作用	符号在文中和页边用法示例	说　明
			二、字符方向位置的移动	
5		转正	字符颠倒要转正。	
6		对调	认真经验总结。 认真验结经总。	用于相邻的字词 用于隔开的字词
7		接排	要重视校对工作， 提高出版物质量。	
8		另起段	完成了任务。明年……	
9		转移	校对工作,提高出 版物质量要重视。 "以上引文均见中文新版《 列宁全集》。 编者　年　月 …… 各位编委；	用于行间附近的转移 用于相邻行首末衔接字符的推移 用于相邻页首末衔接行段的推移
10	或	上下移	序号　名　称　数量 01　显微镜　2	字符上移到缺口左右水平线处 字符下移到箭头所指的短线处
11	或	左右移	要重视校对工 作,提高出版物质量。 3 4　5 6　5 欢呼　歌　唱	字符左移到箭头所指的短线处 字符左移到缺口上下垂直线处 符号画得太小时,要在页边重标

续上表

编号	符号形态	符号作用	符号在文中和页边用法示例	说 明
12	‖	排　齐	校对工作非常重要。必须提高印刷质量，缩短印制周期。　国家标准	
13	⌐⌐	排阶梯形	RH₂	
14	↑	正　图		符号横线表示水平位置，竖线表示垂直位置，箭头表示上方
三、字符间空距的改动				
15	＞	加大空距	一、校对程序　　校对胶印读物、影印书刊的注意事项：	表示在一定范围内适当加大空距　横式文字画在字头和行头之间
16	＜	减小空距	二、校对程　序　　校对胶印读物、影印书刊的注意事项：	表示不空或在一定范围内适当减小空距　横式文字画在字头和行头之间
17	♯ ♯ ♯ ♯	空 1 字距 空 1/2 字距 空 1/3 字距 空 1/4 字距	第一章校对职责和方法　1. 责任校对	多个空距相同的，可用引线连出，只标示一个符号
18	Y	分　开	Goodmorning!	用于外文

续上表

编号	符号形态	符号作用	符号在文中和页边用法示例	说　　明
四、其　他					
19	△	保　留	认真搞好校对工作。	除在原删除的字符下画△外，并在原删除符号上画两竖线
20	○＝	代　替	兰色的程度不同，从淡兰色到深兰色具有多种层次，如天兰色、湖兰色、海兰色、宝兰色…… ○＝蓝	同页内有两个或多个相同的字符需要改正的，可用符号代替，并在页边注明
21	○○○	说　明	第一章　校对的职责　改黑体	说明或指令性文字不要圈起来，在其字下画圈，表示不作为改正的文字。如说明文字较多时，可在首末各三字下画圈

5　使用要求

5.1　校对校样，必须用色笔（墨水笔、圆珠笔等）书写校对符号和示意改正的字符，但是不能用灰色铅笔书写。

5.2　校样上改正的字符要书写清楚。校改外文，要用印刷体。

5.3　校样中的校对引线要从行间画出。墨色相同的校对引线不可交叉。

附 录 A
校对符号应用实例
（参考件）

〔例〕今用伏安法测一线圈的电感。当接入 36 V 直流电源时，通过的电流为 6 A；当插入 220 V、50 Hz 的交流电源时，流过的电流为 22 A。计算线圈的电感。

〔解〕在直流电路中电感不起作用，即 $X_L = 2\pi f = 0$（直流电也可看成是频率 $f=0$ 的交流电）。由此可算出线圈的电阻为

$$R = \frac{U}{I} = \frac{36}{6} = 6(\Omega)$$

接在交流电源上，线圈的阻抗为

$$Z = \frac{U}{I} = \frac{220}{22} = 10(\Omega)$$

线圈的感抗为 $X_L = \sqrt{Z^2 - R^2} = \sqrt{10^2 - 6^2} = 8(\Omega)$

故线圈的电感为

$$L = \frac{X_L}{2\pi f} = \frac{8}{2\pi \times 50} = 0.025(H) = 25(mH)$$

第七节 电容电路

电容器接在直流电源上，如图 3-13 甲所示，电路呈断路状态。若把它接在交流电源上，情况就不一样。电容器板上的电荷与其两端电压的关系为 $q = c u_c$。当电压 u_c 升高时，极板上

附加说明：

本标准由中华人民共和国新闻出版署提出。

本标准由全国印刷标准化技术委员会归口。

本标准由人民出版社负责起草。

参 考 文 献

[1] 王东.公文实用手册[M].广州:广东经济出版社,2005.

[2] 朱国锋.交通科技论文实用写作[M].北京:人民交通出版社,2002.

[3] 朱国锋.高等职业技术院校科研的组织与实施[M].北京:人民交通出版社,2004.

[4] 雪莉·林德赛·罗伯茨.技术文件写作[M].刘淑华,等,译.沈阳:辽宁教育出版社,2004.

[5] 张琴友.汽车专业资料检索[M].北京:人民交通出版社,2005.

[6] 劳动和社会保障部教材办公室.技师专业论文撰写指南[M].北京:中国劳动社会保障出版社,2003.

[7] 潘向民.如何通过汽车技师考评[M].广州:广东科技出版社,2005.

[8] 梁耀光.技师论文撰写与答辩[M].广州:广东经济出版社,2001.